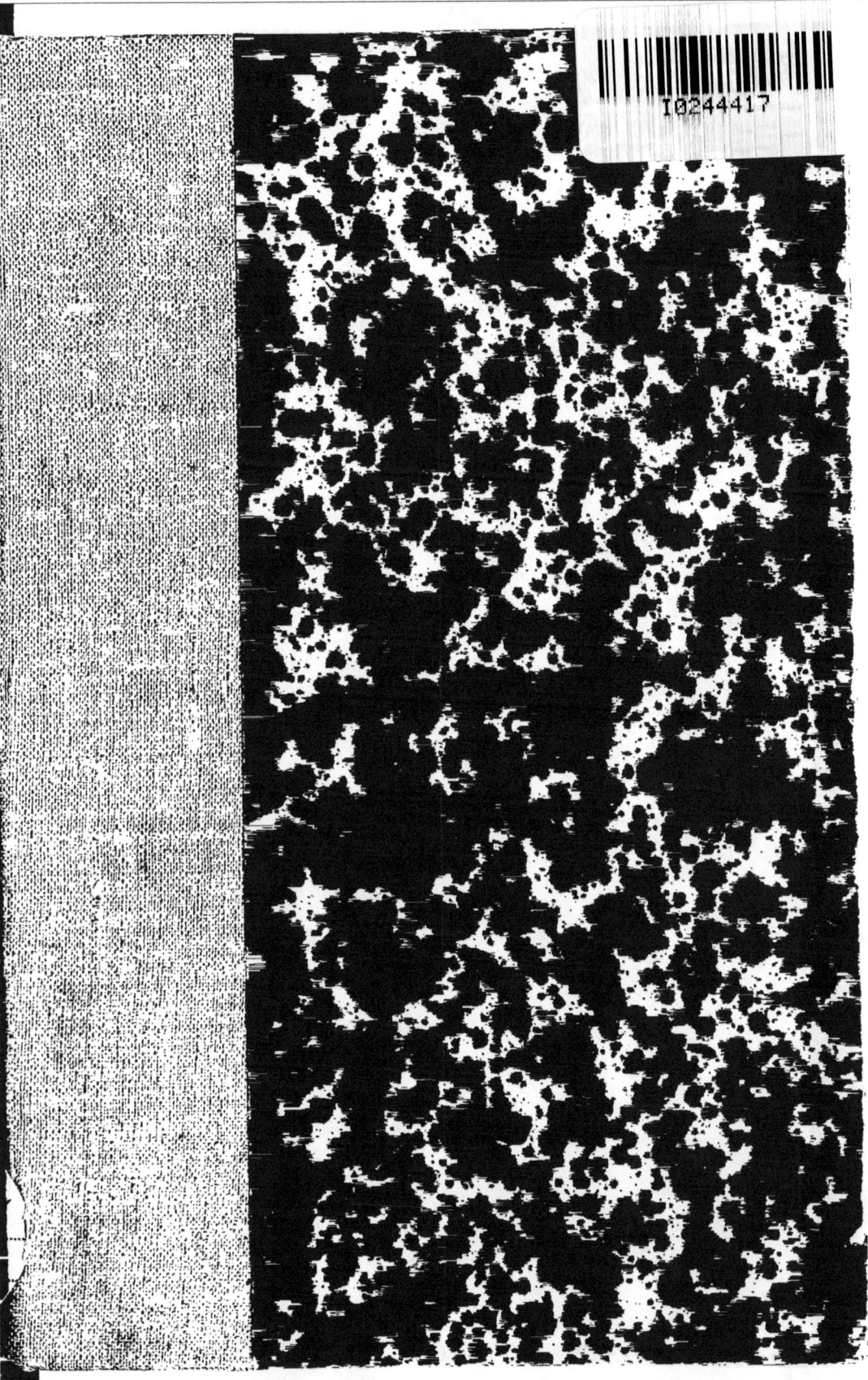

LE MARÉCHAL BAZAINE

POUVAIT-IL EN 1870

SAUVER LA FRANCE

Par Ch. KUNTZ, Major (H. S.)

TRADUIT PAR E. GIRARD, COLONEL D'INFANTERIE
EN RETRAITE

Avec une carte des environs de Metz.

PARIS
HENRI CHARLES-LAVAUZELLE
Éditeur militaire
14, PLACE SAINT-ANDRÉ-DES-ARTS, 14

(Même maison à Limoges.)

LE
MARÉCHAL BAZAINE
POUVAIT-IL EN 1870
SAUVER LA FRANCE?

LE
MARÉCHAL BAZAINE

POUVAIT-IL EN 1870

SAUVER LA FRANCE?

Par Ch. KUNTZ, Major (H. S.)

Traduit par E. GIRARD, Colonel d'Infanterie
en retraite

Avec une carte des environ de Metz

PARIS
Henri CHARLES-LAVAUZELLE
Éditeur militaire
11, Place Saint-André-des-Arts, 11

—

(Même maison à Limoges.)

NOTE DU TRADUCTEUR

Afin de pouvoir utiliser la carte que le major Kuntz a jointe à son ouvrage, on a, dans le texte de cette traduction, pour les localités, cours d'eau, etc., etc., dont le nom a été germanisé par les Allemands, fait suivre le nom français de la désignation allemande *placée entre parenthèses et soulignée*.

Ex. : Sarrebrück (*Saarbrücken*); Sarre (*Saar*); Puttelange (*Püttlingen*); Amanvilliers (*Amanweiler*); Merlebach (*Merlenbach*); Ars-sur-Moselle (*Ars an der Mosel*).

AVANT-PROPOS

A notre époque, où tout passe vite, des événements très importants sont parfois mis à l'arrière-plan beaucoup plus vite qu'il ne conviendrait. Il ne nous paraît donc pas inutile de rappeler des situations de guerre dont on ne parle que rarement aujourd'hui, mais qui peuvent peut-être, dans une guerre future, se reproduire d'une manière semblable.

C'est à l'étude d'une situation de guerre de ce genre qu'est consacrée la présente brochure. Beaucoup de nouvelles publications françaises, par exemple les *Souvenirs du général Jarras*, et l'ouvrage de Rousset : *Histoire générale de la guerre franco-allemande de 1870-71*, ont éclairci bien des faits qui, malgré le procès de Trianon, étaient restés jusqu'ici assez obscurs, mais pourraient n'avoir trouvé en Allemagne qu'un cercle assez restreint de lecteurs.

Je puis donc offrir à beaucoup de lecteurs des choses nouvelles, et présenter à d'autres lecteurs des choses qu'ils connaissent déjà en partie, groupées sous forme de tableaux synoptiques. Les calculs statistiques sur la force et les pertes de l'armée française du Rhin n'ont été jusqu'ici traités par personne avec autant de développement ; ils fourniront donc au plus grand nombre des lecteurs des renseignements nouveaux.

Du reste, mon intention était d'inciter le lecteur à un travail personnel, et, en particulier, de développer cette question si intéressante : « Le maréchal Bazaine pouvait-il ou non forcer les lignes d'investissement de l'armée allemande ? », de telle façon qu'elle puisse, sans beaucoup de peine, faire l'objet d'un Jeu de guerre à grande échelle, et obtenir de cette façon une solution rationnelle aussi approximative que cela est possible en temps de paix.

Si j'ai réussi, le but de ce petit livre est atteint.

Puisse aussi cette brochure obtenir le même succès qui a, jusqu'à ce jour, accueilli si favorablement mes travaux !

Hermann Kuntz.

Berlin, février 1896.

LE MARÉCHAL BAZAINE

POUVAIT-IL EN 1870

SAUVER LA FRANCE?

I

Introduction.

« Hier soir a été signée la capitulation de Metz. Le 29 octobre, la ville et les forts seront occupés. Il y a 173,000 prisonniers, dont 3 maréchaux et plus de 6,000 officiers »; ainsi était conçue la dépêche que le roi Guillaume expédia de Versailles le 28 octobre 1870.

Le monde était déjà, depuis la bataille de Sedan, habitué aux succès extraordinaires des armées allemandes; cependant ce nouveau message de victoire traversa comme un éclair éblouissant les cinq parties du monde, répandant une vive joie partout où l'Allemagne avait de vrais amis, mais excitant encore plus la crainte des armes allemandes, la jalousie contre ses succès, et la haine contre les vainqueurs.

On était ébloui par la grandeur de l'événement,

effrayé du nombre énorme des prisonniers; on savait que l'armée du Rhin était la meilleure que la France eût pu mettre sur pied depuis la fameuse armée de 1805. 3 maréchaux de France, plus de 50 généraux avaient commandé cette belle armée; plus de 6,000 officiers se trouvaient dans ses rangs; l'armée du Rhin avait bravement combattu : ce qui le prouvait, c'étaient les 3 grandes batailles du mois d'août sous les murs de Metz, la bataille de Noisseville qui avait duré deux jours, et, sans compter plusieurs sorties moins importantes, le vif et sanglant combat du 7 octobre. Et cependant, malgré toute sa bravoure, malgré son excellent armement, malgré son patriotisme le plus dévoué, c'en était fait de la gloire française.

Jamais, depuis que l'histoire existe, une armée aussi forte n'avait posé les armes devant un ennemi victorieux; c'était, dans le vrai sens du mot, un fait sans égal. Même au quartier général du prince Frédéric-Charles, on n'avait jamais soupçonné combien était puissante l'armée ennemie renfermée dans Metz depuis le 19 août 1870; on avait plutôt, dès le commencement de l'investissement, évalué l'armée du maréchal Bazaine à 120.000 hommes seulement. On peut donc dire que le vainqueur lui-même avait été aussi étonné de la grandeur de son succès que le monde entier. L'armée allemande d'investissement ne comptait le 27 octobre que 4,050 officiers, 167,338 combattants et 642 pièces.

Un cri de colère s'éleva dans toute la France, et, on doit le dire bien haut à l'honneur de la nation française, dans beaucoup d'autres nations à la colère aurait succédé rapidement le désespoir; en France, ce terrible coup lui-même ne produisit pas de découragement. Au contraire, l'énergie de la défense sembla grandir, et, pendant 3 mois encore, la guerre continua à se déchaîner avant que le gouvernement français arrivât à être bien convaincu de l'inutilité d'une plus longue lutte.

Au point de vue politique, la conduite des Français peut ne pas avoir été judicieuse; mais pour l'historien impartial, les efforts extraordinaires que les Français ont faits, malgré ce nouveau et terrible coup, pour essayer de venir à bout des Allemands victorieux, leur fait le plus grand honneur.

Depuis 25 ans, cette question m'a très vivement occupé : « La perte de l'armée française du Rhin était-elle réellement inévitable, ou bien le maréchal Bazaine ne pouvait-il pas sauver la France ? »

On peut bien dire aujourd'hui que la France pouvait surmonter le coup que lui avait porté Sedan, car Sedan l'avait délivrée du gouvernement de Napoléon; en outre, à Sedan, la nécessité impérieuse de la capitulation des débris de l'armée de Châlons, car ce n'étaient plus que des débris, éclatait au grand jour. Il en était tout autrement à Metz. L'armée du Rhin, quoique beaucoup plus forte et surtout bien meilleure que l'armée de Châlons, a posé les armes, sans avoir fait une seule tentative sérieuse pour percer les lignes d'investissement de l'armée allemande. La faim seule a triomphé de l'armée du Rhin; mais ne pouvait-on donc réellement éviter que la faim exerçât une influence si puissante?

56 aigles impériales, 622 pièces de campagne, 72 mitrailleuses, 876 pièces de forteresse, 137,420 fusils

Chassepot, 123,326 autres armes, 3 millions d'obus, schrapnels et bombes, 23 millions de cartouches à balles, et un matériel de guerre considérable tombèrent, à Metz, entre les mains des Allemands, tandis que la capitulation de Sedan ne livra aux vainqueurs qu'une seule aigle impériale, 2 drapeaux, 419 pièces de campagne et mitrailleuses, 139 pièces de siège et 66,000 fusils. A côté des 173,000 prisonniers de Metz, il n'y a que 2,500 officiers, 83,000 hommes prisonniers, qui, d'après les documents relatifs à la capitulation, ont été dirigés de Sedan sur l'Allemagne, mais dont, par suite des évasions, le nombre s'est, jusqu'au moment de la remise à la 2e armée allemande à Etain et à Pont-à-Mousson, réduit à 2,268 officiers et 78,550 hommes.

Dans ce nombre sont compris 7,000 prisonniers que les Ve et XIe corps prussiens avaient faits pendant la bataille, mais qui avaient été rassemblés à Donchery et conduits dans la presqu'île d'Iges. D'un autre côté, il faut ajouter 9,761 Français blessés qui, en vertu de conventions avec les autorités françaises, furent transportés de Sedan sur le nord de la France. En tenant compte de ces faits, il ressort, en nombre rond, un chiffre total de 88,000 Français qui, par suite de la capitulation de Sedan, sont tombés entre les mains des Allemands.

Par conséquent, la catastrophe de Metz a été, en somme, deux fois plus vaste que la catastrophe de Sedan. En outre, les restes de l'armée de Châlons n'ont capitulé qu'après une bataille sanglante et n'étaient réellement plus en état de continuer la lutte avec la moindre chance de succès. Par contre, l'armée de

Metz a capitulé après une inaction complète de trois semaines, et elle était aussi riche en munitions que l'armée de Châlons en était pauvre.

Nous croyons donc pouvoir admettre que l'opinion publique en France a plus ou moins pris son parti de la catastrophe de Sedan, mais qu'elle ne le prendra jamais de la catastrophe de Metz. Sedan était un malheur; mais Metz était une honte pour les Français, et tout le monde supporte plus facilement un malheur que la honte. En outre, l'armée du Rhin a été obligée de subir cet affront sans qu'il y eût de sa faute : c'est l'incapacité, les calculs égoïstes et ambitieux du maréchal Bazaine seuls qui l'ont précipitée dans le malheur et non pas son manque de valeur.

Rien d'étonnant que, dans ces conditions, la juste colère de toute la France se soit déchaînée contre Bazaine et l'ait frappé d'une manière foudroyante. Rien d'étonnant que l'amour-propre facilement excitable des Français, une fois qu'il a eu trouvé un bouc émissaire, l'ait stigmatisé sans hésitation du nom de traître, et ait flétri pour toujours le nom de Bazaine.

Nous verrons, dans le cours de nos recherches, jusqu'à quel point Bazaine peut avec raison être accusé de trahison envers sa patrie, et où doit être tracée la ligne de démarcation entre l'incapacité et l'ambition coupable et égoïste.

En général, nous persistons dans cette opinion, que nous avons toujours exprimée hautement, que, dans le cas d'un malheur national, c'est toujours au système lui-même qu'il faut s'en prendre, bien plus qu'aux hommes incapables qu'un système faux a portés à une haute situation, que ni leur caractère, ni leur science et leurs facultés, ni leur valeur morale ne les rendaient dignes d'atteindre.

Lorsqu'un homme incapable est nommé commandant en chef d'une grande armée, ce sont les hommes qui ont porté ce chef incapable à cette haute situation qui sont, avant tout, coupables des malheurs inévitables qui en résultent. Ce ne sont pas, le duc de Brunswick et le prince de Hohenlohe qui, en 1806, ont perdu la Prusse, mais c'est un système caduc et qui n'avait nullement progressé avec le temps, qui s'est écroulé et a enseveli la Prusse sous ses ruines. Le corps d'officiers de Prusse était alors, moins que personne, cause de cette catastrophe ; les mêmes hommes qui, en 1806, à Iéna et Auerstaedt, et plus tard à Halle, à Prentzlau et à Travemunde ont succombé sous les coups des Français, ont, avec un système nouveau et rationnel, issu des ruines de cet effroyable désastre, remporté en 1813 et 1814 victoire sur victoire. Le système de 1806 ne reposait que sur des apparences extérieures ; celui de 1813 sur une valeur intrinsèque réelle. C'est là le point saillant.

Ce n'est pas le malheureux feldzeugmeister (1) Benedeck qui a perdu la bataille de Sadowa, et avec elle la campagne ; c'est le système défectueux de l'Autriche, dont le peu de valeur s'était déjà montré en 1859 à Magenta et à Solférino et qui néanmoins avait été maintenu, qui s'est écroulé parce que ses étais étaient vermoulus, et qu'il ne répondait plus aux exigences de la nouvelle époque.

---

(1) Grade de l'armée autrichienne. Le Feldzeugmeister (général d'artillerie) est au-dessus du Feldmarshall-lieutenant (général de division) et au dessous du Feldmarshall (maréchal). (*Note du traducteur*).

La guerre est bien, à vrai dire, un jugement de Dieu. Toutes les fautes qu'un Etat commet pendant une longue période de paix, en laissant ce qu'on appelle « la bonne vieille tradition » s'opposer à tous les progrès conformes aux besoins de l'époque, toutes les grosses erreurs dans la distribution des grades, ne se révèlent que par la guerre. Alors tout ce qui a été, pendant nombre d'années, édifié durant la paix sur des bases fausses, s'expie; alors éclate aux yeux les plus aveugles la vérité de ce proverbe de Shakespeare : « Il y a quelque chose de pourri dans le royaume de Danemark. »

L'opinion publique qui, de tout temps, a été puérile, et l'est encore aujourd'hui comme du temps des vieux Romains, condamne régulièrement avec la dernière rigueur les chefs d'armée qui ont été malheureux à la guerre. Cette sévérité n'est justifiée que lorsqu'il est prouvé qu'un général en chef malheureux a poursuivi des plans égoïstes et ambitieux, et qu'il a ainsi amené les malheurs qui l'ont frappé. Dans tous les autres cas, c'est le système qui doit être condamné et non pas le général malheureux qui souvent a été nommé à son commandement contre son gré.

Il appartient à l'histoire impartiale d'éclairer sur ces points l'opinion publique, sans se préoccuper de savoir si l'historien ne sera peut-être pas attaqué lui-même, parce qu'il aura détruit l'idée que s'était faite la masse et se sera fait ainsi beaucoup d'ennemis.

Il se présente deux questions d'une importance capitale, lorsqu'on veut se livrer à des recherches sur la conduite d'un général en chef malheureux; la première : « Quelle était la situation générale de la guerre au moment de sa nomination comme général en chef, et quelles circonstances particulières ont accompagné sa nomination ? », et la seconde : « De quelles ressources militaires disposait-il comme général en chef ? »

La réponse à la première question ressortira d'elle-même de notre exposé des faits ; quant à la seconde question, nous lui consacrerons un chapitre spécial, parce que toutes nos recherches portent sur la force et la composition des ressources militaires dont disposait le maréchal Bazaine.

On pourrait avec raison soulever une troisième question : « Quel était son adversaire, et de quelles ressources militaires disposait-il ? » Vouloir, dans notre cas, répondre à cette question, ce serait traiter un sujet que tout le monde connaît. Nos grands généraux de 1870-71 jouissent depuis longtemps de l'admiration du monde civilisé, et la force et la vigueur de nos armées allemandes ont été gravées avec un burin d'acier dans le grand livre de l'histoire du monde.

Du reste, la force des troupes allemandes d'investissement et leur répartition autour de Metz seront indiquées dans le cours de notre récit à l'endroit convenable ; nous croyons donc pouvoir nous dispenser de considérations particulières sur ce sujet.

II

Force et composition de l'armée française du Rhin à Metz.

Pour établir la force de l'armée française du Rhin dans les grandes batailles du mois d'août de l'année 1870, nous possédons les moyens suivants :

1° La situation d'effectif officielle de l'armée du Rhin du 12, et, pour le 4ᵉ corps d'armée, du 13 août 1870, dans l'*Enquête parlementaire sur les actes du Gouvernement de la Défense nationale*, vol. I, p. 74 et suivantes.

Cette situation comprend les 2ᵉ, 3ᵉ et 4ᵉ corps français et la brigade Lapasset du 5ᵉ corps, mais ne comprend ni la garde ni le 6ᵉ corps. Il est évident que les données de cette situation ont été fournies avec sincérité ; mais il y a cependant bien des choses qui sont peu claires et manquent de précision. Ainsi, il manque, par exemple, les services administratifs des 1ʳᵉ, 3ᵉ et 4ᵉ divisions du 3ᵉ corps et de la division de cavalerie du 2ᵉ corps ; ensuite, le train des équipages des 1ʳᵉ et 3ᵉ divisions du 3ᵉ corps ; enfin la gendarmerie de la 4ᵉ division du 3ᵉ corps, des 3 divisions d'infanterie et de la division de cavalerie du 4ᵉ corps, et de la division de cavalerie du 2ᵉ corps.

L'effectif de l'infanterie de la 3ᵉ division du 3ᵉ corps

n'est indiqué que sommairement, et est beaucoup plus faible que la moyenne des 3 autres divisions d'infanterie du même corps d'armée.

Dans la 4e division du 3e corps, la compagnie du génie n'est portée qu'avec 1 officier et 1 homme ; il est donc évident que la compagnie elle-même n'a pas été comprise, et que l'on n'a très probablement fait figurer que l'officier du génie attaché à l'état-major de la division, ainsi que son ordonnance.

Au 2e corps d'armée, il manque le parc de l'artillerie de réserve et les services divers du quartier général, lesquels au 4e corps seulement sont évalués à 30 officiers, 772 hommes.

2° Les historiques des Régiments français.

Quelques historiques donnent des indications très précises sur l'effectif des régiments qu'ils concernent, mais la plupart de ces historiques sont absolument muets sur ce point.

3° Une situation de l'effectif de l'armée du Rhin à la date du 8 septembre que le baron de Fircks cite dans son ouvrage : *La Défense de Metz en* 1870, 2e partie, pages 142, 143.

Cette situation est particulièrement précieuse, parce qu'elle donne la possibilité, en ajoutant les pertes subies dans les trois batailles du mois d'août et dans la bataille de Noisseville, à l'effectif indiqué pour le 8 septembre, d'évaluer d'une manière au moins approximative l'effectif qu'a atteint l'armée française.

4° L'ouvrage du général Frossard sur le rôle du 2e corps français jusqu'au 18 août 1870. Cependant le général Frossard évalue d'une manière inexacte, comme il serait facile de le prouver, les pertes de son corps d'armée les 6 et 8 août, et semble n'avoir donné avec exactitude que celles subies le 16 août ; son livre est par suite un document dont il ne faut se servir qu'avec réserve. On ne saurait cependant en faire un reproche au général. On sait que pendant la bataille de Spickeren, des réservistes français sont arrivés à Forbach et ont été aussitôt conduits au feu, sans avoir pu combattre avec leur corps de troupe respectif. Pense-t-on que, dans de pareilles conditions, après un combat malheureux, pendant une retraite qui a duré plusieurs jours et au cours de laquelle sont arrivés d'autres détachements de réservistes, il ait été possible de donner le chiffre exact des pertes éprouvées?

Le 16 août, les conditions étaient plus favorables ; le mouvement de retraite exécuté le lendemain se réduisit pour le 2ᵉ corps français à aller de Gravelotte au Point-du-Jour, c'est-à-dire à quelques kilomètres, et le corps d'armée eut jusqu'au 18 à midi le temps de faire le relevé de ses pertes. Par contre, le mouvement de retraite devenu nécessaire après la bataille du 18 août rendit de nouveau difficile l'établissement immédiat des pertes subies dans cette bataille, en sorte que ce n'est peut-être que plus tard seulement que les régiments ont pu établir avec quelque exactitude le chiffre de leurs pertes.

C'est ainsi que nous nous expliquons la différence qui existe entre les pertes réellement subies et celles qui sont indiquées par le général Frossard ; mais nous ne supposons nullement que le général ait intentionnellement diminué le chiffre des pertes de son corps d'armée.

5° Une situation d'effectif de la garde impériale à la

date du 1ᵉʳ octobre 1870, qui se trouve aux archives de la guerre du grand état-major.

Cette situation a été établie avec beaucoup de soin; mais elle n'est datée que du 1ᵉʳ octobre, et ne peut, par suite, servir qu'indirectement pour notre but.

Nous allons montrer au lecteur, par un exemple, comment, à l'aide du procédé que nous avons indiqué, nous croyons être arrivés à déterminer à peu près exactement l'effectif, par exemple du 2ᵉ corps, le 16 août au matin :

	1ʳᵉ division 2ᵉ corps.		2ᵉ division 2ᵉ corps	
	Officiers	Hommes	Officiers	Hommes
Effectif le 8 septembre	236	7,197	231	7,162
Pertes le 16 août	50	1,567	76	2,432
— 18 —	15	500	11	215
— à la bataille de Noisseville	1	60	»	60
Total	302	9,324	318	9,869

Nous ferons remarquer ici que les chiffres des pertes pour le 16 août comprennent toutes les armes, mais que les chiffres des pertes pour le 18 août et la bataille de Noisseville ne comprennent que les pertes de l'infanterie. Il manque, par suite, pour ces deux dernières batailles, les pertes de l'artillerie, des compagnies du génie et des différents services administratifs, en sorte que le total doit être un peu augmenté. Cette lacune ne saurait provisoirement être comblée par suite du manque de documents sûrs; elle est d'ailleurs si insignifiante qu'elle ne modifie en rien la valeur de notre calcul, surtout si nous arrondissons les chiffres obtenus plus haut.

Maintenant il faut tenir compte du fait suivant : nous laissons complètement de côté les pertes en officiers, parce que le meilleur document au sujet des chiffres de pertes de l'Armée française du Rhin, l'ouvrage de Dick de Lonlay : *Français et Allemands. Histoire anecdotique de la guerre de* 1870-71, cite non seulement les officiers légèrement blessés et restés avec leur troupe, mais encore ceux qui sont contusionnés, de sorte que le même officier peut figurer plusieurs fois sur les listes de pertes pour les différentes batailles.

Il est très vraisemblable que dans l'intervalle du 19 août au 18 septembre, des blessés guéris et des malades rétablis sont sortis des hôpitaux de Metz et rentrés à leurs corps de troupe, et que, par contre, d'autres hommes de troupe malades ont été admis dans les hôpitaux. L'armée du Rhin, à l'exception du 2e corps, ne commença à éprouver des pertes sérieuses que le 14 août : donc, jusqu'au 8 septembre, les hommes très légèrement blessés peuvent seuls avoir été rétablis : nous croyons, par suite, pouvoir admettre sans inexactitude que, dans ce court espace de temps, les gains et les pertes se sont à peu près balancés.

D'autre part, on peut se demander si les 180 hommes du 2e corps français qui ont été versés le 7 septembre au 3e régiment de voltigeurs de la garde impériale, ont été compris ou non, comme partis, sur la situation du 8 septembre.

Nous obtenons, par suite, en nombre rond :

9,400 hommes pour la 1re division du 2e corps.
9,900   —   2e   —   —

Il faut en défalquer : l'artillerie, les troupes du génie, la gendarmerie, les services administratifs et le train des équipages militaires. Ces troupes ont certainement, elles aussi, dans l'intervalle du 12 au 16 août, reçu des réservistes, dont il nous est impossible, à nous Allemands, de déterminer le chiffre exact, car tout document sûr nous manque. Nous sommes donc obligés de nous contenter de nombres ronds, en prenant pour base la situation de l'*Enquête parlementaire*, et en arrondissant convenablement les nombres qui s'y trouvent. Cette situation donne pour le 12 août :

Pour la 1ʳᵉ division .... 661 hommes.
— 2ᵉ — .... 689 —

pour les armes que nous venons de citer. Si nous admettons que, par suite de l'arrivée ultérieure de réservistes et d'hommes en congé, ces chiffres se sont élevés à 700 hommes, en nombre rond, pour chacune des deux divisions, nous espérons être très près de la vérité.

Nous obtenons alors pour l'infanterie :

de la 1ʳᵉ division 8,700 comme effectif.
— 2ᵉ — 9,200 —

La différence entre l'effectif des deux divisions s'explique par ce fait que l'infanterie de la 1ʳᵉ division a subi au combat de Spickeren des pertes beaucoup plus fortes que l'infanterie de la 2ᵉ division.

Maintenant, quand même nous aurions trouvé l'effectif des rationnaires pour les deux divisions d'infanterie du 2ᵉ corps à la date du 16 août au matin, cet effectif ne coïnciderait pas avec l'effectif des combattants. Chaque régiment d'infanterie français et chaque bataillon de chasseurs avait une section hors rang qui formait l'état-major du régiment. Par exemple, le 3ᵉ régiment de voltigeurs de la garde impériale, dont nous possédons aux archives de la guerre une situation d'effectif détaillée pour le 25/26 octobre 1870, comptait encore, à cette date, dans son état-major, 13 officiers et 84 hommes.

Les hommes de troupe se décomposaient de la manière suivante :

    3 adjudants sous-officiers,
    1 tambour-major,
    3 caporaux tambours ou clairons,
    1 caporal sapeur,
    1 sous-chef de musique,
  12 sapeurs,
  37 musiciens,
    1 vaguemestre,
    1 maître ouvrier,
    1 sergent,
    4 caporaux,
  10 soldats de 1re classe,
    9   —   2e —

Tous ces hommes de troupe étaient au feu, au moins dans la zone de l'artillerie, pendant les batailles du mois d'août ; ils ont par conséquent éprouvé des pertes, bien qu'ils n'aient augmenté l'effectif de combat des bataillons qu'autant qu'on mentionnait les hommes de troupe désignés pour la garde du drapeau de chaque régiment. On fera donc bien de calculer la force des régiments d'infanterie et des bataillons de chasseurs d'après le chiffre des rationnaires, mais on devra toujours se souvenir que les effectifs obtenus de cette manière dépassent de beaucoup l'effectif réel des combattants.

Il est probable que dans l'armée française des hommes de troupe étaient attachés aux voitures de munitions, de vivres et à bagages des régiments et que ces hommes prenaient une part tout au plus passive à la bataille. On peut aussi se demander si les ordonnances des très nombreux officiers ont pris part aux combats ou ne sont pas restés près des bagages de leurs maîtres. Nous ne savons même pas si ces ordonnances d'officiers étaient momentanément armés du fusil ou bien s'ils n'étaient pas simplement chargés des effets les plus indispensables de leurs officiers.

On se rapprocherait beaucoup de la vérité, en retranchant de l'effectif obtenu pour chaque régiment 150 hommes, c'est-à-dire 50 hommes par bataillon, pour obtenir le chiffre réel des combattants, c'est-à-dire des hommes destinés à infliger des pertes à l'ennemi par leur feu.

Il est certain, en tout cas, que les médecins, les musiciens, etc., etc., figuraient parmi les prisonniers pour un chiffre assez élevé et qu'ils ont dû fournir un certain contingent aux morts et aux blessés.

Les bataillons de chasseurs à pied étaient beaucoup plus forts que les bataillons d'infanterie. Au 2e corps, le 12e bataillon de chasseurs à pied n'avait pas combattu jusqu'au 16 août; nous pouvons donc admettre que, le 16 août au matin, ce bataillon était fort de 850 hommes, et le 3e bataillon de chasseurs à pied de 620 hommes, parce que ce bataillon avait perdu, le 6 août, 6 officiers et 230 hommes. La situation d'effectif de l'*Enquête parlementaire* donne 836 et 542 hommes.

Nous devons maintenant montrer au lecteur comment il faut s'y prendre pour éviter les erreurs dans le calcul des effectifs français.

Pour vérifier les effectifs de 9,400 et 9,900 hommes obtenus plus haut pour les deux divisions d'infanterie du 2º corps, nous ajoutons les pertes du 2 et du 6 août, savoir 1,626 et 1,009 hommes, ce qui donne, en nombre rond, 11,000 et 10,900 hommes, ou, en retranchant l'artillerie, le génie et les troupes d'administration, 10,300 et 10,200 hommes. Nous verrons par la suite, que, pour les 3º, 4º et 6º corps, nous ne pouvons évaluer une division complète d'infanterie qu'à 8,200 hommes. Cette différence s'explique très simplement par ce fait que 400 à 500 hommes légèrement blessés le 6 août étaient rentrés à leurs corps le 8 septembre. Nous retranchons donc à la 1re division du 2º corps 500 hommes, et à la 2º division 400 hommes, de l'effectif de 8,700 et 9,200 hommes d'infanterie trouvé primitivement, et nous obtenons comme résultat définitif pour le 16 août 1870 :

Pour la 1re division......... 8,200 hommes d'infanterie.
— 2º — .... 8,800 — —

Nous ferons remarquer de nouveau que la 1re division avait, les 2 et 6 août, perdu 600 hommes de plus que la 2º division.

Si, du chiffre que nous avons obtenu en fin de compte pour l'effectif de l'infanterie, on retranche les deux bataillons de chasseurs à pied, on arrive à 7,580 et 7,950 hommes pour les 4 régiments d'infanterie des deux divisions.

Il faut maintenant en retrancher de nouveau 4 fois 150 = 600 hommes pour obtenir l'effectif des combattants, d'où il résulte que, le 16 août au matin, les bataillons de la 1re division étaient forts en moyenne de 582 fusils et ceux de la 2º division de 613 fusils.

Dans le numéro de juillet des Annales pour l'armée allemande et la marine de 1892, nous avions, d'après les indications du général Frossard, évalué l'effectif de l'infanterie de la 1re division du 2e corps à 7,800 et celui de l'infanterie de la 2e division à 9,300; mais l'étude incessante des documents français, et particulièrement des Historiques, nous a amené à des résultats très différents. Nous croyions alors devoir admettre que dans les effectifs donnés par le général Frossard pour le 18 août, les officiers étaient compris, tandis qu'il y a là une erreur manifeste que nous reconnaissons franchement et ouvertement. Si on tient compte de cette erreur, on obtient les différences suivantes :

	Calcul de juillet 1892.	Calcul actuel.
1re division du 2e corps.	8,060 hommes	8,200 hommes.
2e — 2e — .	9,310 —	8,800 —
Total...	17,370 hommes	17,000 hommes.

Il y a donc pour l'effectif total de l'infanterie du 2e corps une différence de 370 hommes, tandis que, pour la 2e division, la différence s'élève positivement à 510 hommes.

Nous arrivons maintenant à la brigade Lapasset. La situation d'effectif de l'*Enquête parlementaire* donne, pour le 12 août, les chiffres suivants, pour la brigade Lapasset qui appartenait au 5e corps :

132 officiers,	4,149 hommes	d'infanterie.
33 —	398 —	cavalerie.
4 —	140 —	artillerie.
3 —	181 —	train des équipages militaires.
2 —	2 —	état-major.
174 officiers,	4,870 hommes.	

Mais il faut y ajouter 1 compagnie du 11ᵉ régiment d'infanterie, 1 du 86ᵉ et 1 compagnie et demie du 46ᵉ qui, pendant la retraite de Sarreguemines (*Saargemünd*) sur Metz, s'étaient jointes à la brigade Lapasset, parce qu'elles avaient été séparées de leur corps, par suite d'un détachement. On peut évaluer la force de ces 3 compagnie et demie à 350 hommes d'infanterie; on aura donc pour l'effectif de la brigade Lapasset le 16 août au matin, 5,200 hommes en nombre rond.

Au reste, en ce qui concerne la brigade Lapasset, notre manière de calculer en prenant pour base la situation d'effectif du 8 septembre ne concorde pas. Cette situation donne encore 4,391 hommes pour la brigade, tandis que ses pertes les 16 et 18 août et à la bataille de Noisseville se sont élevées à environ 1,060 hommes d'infanterie et 70 hommes de cavalerie et d'artillerie. Si on ajoute ces chiffres à 4,391, on obtient un total de 5,520 hommes, tandis que nous n'avons trouvé par notre calcul que 5,200 ou plus exactement 5.220 hommes. De plus, d'après l'Historique du 46ᵉ régiment de ligne, ces 3 compagnies 1/2 avaient déjà été employées le 26 août à former les 4 bataillons de Metz. Nous trouvons ainsi une différence de 600 hommes, même en admettant que chacune de ces compagnies ait perdu 50 hommes. Nous ne pouvons expliquer cette différence que de la manière suivante : il y avait à Metz de nombreux réservistes du 5ᵉ corps (voir *Enquête parlementaire*, situation d'effectif du 12 août); peut-être a-t-on pris les meilleurs et les plus vigoureux pour combler les pertes de la brigade Lapasset.

En tout cas, ce point n'a pas encore été éclairci jusqu'ici.

Nous maintenons néanmoins notre calcul, d'après lequel la brigade Lapasset comptait, le 16 août au matin, 4,500 hommes d'infanterie et 400 hommes de cavalerie, en nombre rond, parce que ce calcul concorde avec les indications du général Lapasset, et avec la situation d'effectif de l'*Enquête parlementaire*. Dans le numéro de juillet des Annales pour l'Armée et la Marine de 1892, nous avions évalué exactement au même chiffre la force de la brigade Lapasset.

Il ressort d'ailleurs de notre discussion que les chiffres manifestement très superficiels que le général Frossard donne, page 105 de son livre, pour l'effectif de ses troupes le matin du 18 août, ne sont pas absolument sûrs. Ces chiffres sont les suivants :

```
7,100 hommes pour la 1re division ;
7,500    —         2e      —
4,400    —         brigade Lapasset.
```

Si on ajoute à ces chiffres les pertes du 16 août, on obtient pour la

```
1re division......  8,667 hommes = 7,967 hommes d'infant.
2e    —    ....    9,932    —   = 9,232       —
Brigade Lapasset   5,356    —   = 4,635       —
          Total..  23,955 hommes = 21,834 hommes d'infant.
```

Nous trouvons ainsi, par rapport à nos calculs, une différence de 334 hommes d'infanterie. Cette différence ne fait rien pour le but que nous nous proposons ; nous admettons du reste un total plus faible que celui qui résulterait des indications du général Frossard. En tout cas, on ne pourra pas nous reprocher d'avoir eu l'intention de forcer le plus possible les effectifs des Français.

La situation d'effectif de l'*Enquête parlementaire* donne pour le 12 août les chiffres suivants :

1re division......	2e corps	258 officiers,	7,102 hommes.
2e —	2e —	278 —	8,967 —
Brigade Lapasset	5e —	174 —	4,870 —

Il semble qu'il y ait là une très grande différence entre ces chiffres et nos calculs ; cependant cette différence s'explique très simplement par ce fait que du 12 au 16 août, il est arrivé à Metz de nombreux détachements de réservistes qui ont notablement augmenté les effectifs des troupes. Que cette augmentation ait moins affecté la 2e division que la 1re division, il n'y a à cela rien d'étonnant, car Derrécagaix, dans son livre *La guerre moderne*, 1re partie, p. 522-523, évalue déjà le 5 août la force de la 2e division à 1,000 hommes de plus que celle de la 1re division, de sorte que nous pouvons en conclure que la 2e division avait reçu antérieurement un détachement de réservistes.

Les chiffres que Canonge donne dans son ouvrage sur la guerre de 1870-71, p. 94, pour l'effectif du 2e corps français, et que les autres écrivains français ont acceptés sans discussion, doivent, en prenant pour base les indications de la situation d'effectif de *l'Enquête parlementaire*, être considérés comme indubitablement inexacts. Ils restent très en dessous de la vérité, ce qui ressort clairement de notre discussion. Nous rappellerons ici que, d'après les situations d'effectif françaises, au moment de la capitulation de Metz, 29,000 hommes du 2e corps et de la brigade Lapasset furent livrés aux Allemands (baron de Goltz, *Opérations de la 2e Armée*, p. 416), malgré les grandes pertes que ce 2e corps avait subies dans les batailles de Metz et bien que le nombre des malades eût beaucoup augmenté, que tous les officiers eussent conservé leurs ordonnances, que beaucoup, d'après le baron de Goltz, eussent gardé avec eux deux hommes de troupe et même plus. D'autre part, d'après Canonge, le 2ᵉ corps, y compris la division Laveaucoupet et la brigade Lapasset, n'aurait été fort, le 12 août, que de 28,470 hommes. Cela s'appelle fausser l'histoire et non pas établir la vérité.

Nous maintenons donc nos calculs qui avaient donné :

8,200 hommes d'infanterie pour la 1ʳᵉ divis. d'infant.	
8,800 — — — 2ᵉ —	
4,500 — — — brigade Lapasset.	
Total. 21,500 hommes d'infanterie pour le 2ᵉ corps.	

A ce propos, nous rappellerons à tous les officiers studieux qu'il est nécessaire d'examiner avec le plus grand soin les indications des Historiques. On y trouve les différences suivantes :

1° L'Historique donne, pour un jour déterminé, l'effectif de présence des hommes qui sont sous les armes ; la section hors rang, ainsi par exemple toute la musique, tous les secrétaires et les ouvriers, doivent y être compris comme « présents sous les armes ».

2° L'Historique ne donne que l'effectif le plus élevé qui ait été atteint. Tous les malades qui sont à l'hôpital, les hommes en congé ou en semestre, les hommes détenus ou en jugement, y sont compris ; souvent les officiers eux-mêmes figurent dans le total, mais pas toujours. Il n'est pas facile de se rendre compte si cela a lieu ou non.

Les hommes *en congé ou en semestre* sont ceux qui,

avant la mobilisation, avaient été renvoyés dans leurs foyers pour une courte durée ou pour six mois, qui, par conséquent, se trouvaient en permission *au moment* de la mobilisation et, par suite, du départ précipité des Français pour la campagne, ne purent que très difficilement retrouver leurs corps de troupe. On porte quelquefois sous la rubrique *détenus ou en jugement* des hommes disparus, ce qui ressort très clairement de papiers français tombés entre les mains des Allemands. Les Français avaient aussi des *modèles particuliers imprimés* pour les *hommes disparus* et les *hommes tombés au pouvoir de l'ennemi*. Dans les batailles du mois d'août, il n'a guère été possible aux Français de séparer chaque fois ces catégories d'une manière bien précise; par suite, chaque commandant de régiment français pouvait à son gré ou bien donner ouvertement et loyalement le total de tous les *disparus,* ou bien ne porter que les hommes qui, d'une manière certaine, étaient tombés entre les mains des Allemands. Il y a donc, en ce qui concerne les indications des pertes, un jeu très large. Nous signalons d'une manière toute particulière ce fait, parce que dans nos évaluations des pertes, nous différons quelquefois d'une manière notable des indications françaises, mais nous le motivons chaque fois avec soin.

3° L'Historique indique l'effectif *du départ* au moment de la mobilisation et donne ensuite quelques indications sur l'arrivée des détachements de réservistes. Dans ce cas, on ne peut pas, par une simple addition des différents totaux, arriver à la vérité, parce que l'arrivée des petits détachements d'hommes rentrant de congé n'est pas indiquée.

4° Quelquefois il y a plusieurs situations d'effectif à des moments différents ; alors il faut toujours tenir compte de ce que nous avons dit au n° 2.

5° En ce qui concerne la garde impériale française, il faut faire attention que, les 7, 9 et 10 septembre, près de 1,817 hommes des 2ᵉ, 3ᵉ, 4ᵉ et 6ᵉ corps ont été versés dans la garde pour relever les effectifs très affaiblis ; ce fait est établi d'une manière certaine par des documents qui se trouvent aux archives de la guerre.

Comme on le voit, on a beaucoup de difficultés à vaincre avant de pouvoir espérer arriver à la vérité, même d'une manière approximative. Celui qui n'est pas parvenu par une étude très minutieuse de plusieurs années à pénétrer assez avant dans les habitudes françaises au sujet des chiffres d'effectif et de pertes, pour pouvoir montrer aux Français le dessous des cartes, ne doit pas risquer de s'engager dans un calcul des effectifs et des pertes français, car il court toujours le danger de se voir prouver, à chaque pas, qu'il commet de grosses erreurs.

Considérons maintenant les 3ᵉ, 4ᵉ et 6ᵉ corps. La situation d'effectif déjà citée plusieurs fois de l'*Enquête parlementaire* envisage le 3ᵉ corps le 12 août et le 4ᵉ corps le 13 août ; malheureusement, une semblable situation détaillée manque pour le 6ᵉ corps qui, on le sait, n'arriva pas à Metz avec toutes ses fractions. Pour la division d'infanterie Metmann, il n'y a, malheureusement, dans le rapport d'*Enquête parlementaire*, qu'une situation sommaire dont l'exactitude est des plus douteuses. Les six autres divisions d'infanterie, des 3ᵉ et 4ᵉ corps, pour lesquelles il existe des indications précises, comptaient déjà, le 12 août, 7 régiments d'infanterie ayant un effectif de plus de 2,200 hommes, 3 régiments de plus de 2,100 hommes et 6 régiments de plus de 2,000 hommes. Des 24 régiments d'infanterie de ces 6 divisions, 16 avaient donc déjà, le 12 ou le 13 août, un effectif des présents de plus de 2,000 hommes, et très exactement une force moyenne de 2,154 hommes.

Les 8 régiments restants n'avaient pas encore atteint le chiffre de 2,000 hommes, mais avaient cependant une force moyenne de 1,821 hommes. La force moyenne des 24 régiments d'infanterie s'élevait, à l'époque de l'établissement de cette situation d'effectif, à 2,043 hommes.

Nous sommes maintenant en état de prouver avec précision la forte augmentation des effectifs dans quelques régiments qui sont portés sur cette situation avec un effectif particulièrement faible. Le 15e régiment d'infanterie est évalué, par exemple, à la date du 13 août, à 64 officiers et 1,897 hommes; l'Historique du régiment donne, au contraire, le 14 août, un effectif de 2,317 hommes.

Le 81e de ligne est évalué, le 12 août, à 65 officiers et 1,674 hommes, tandis que nous possédons dans les archives de la guerre une situation d'effectif très détaillée de ce régiment, d'après laquelle, le 1er septembre et en comprenant une perte de 3 officiers et 62 hommes tués ou disparus, il était fort de 68 officiers et 2,364 hommes, dont 1 officier et 44 hommes figurant sous la rubrique en congé ou en semestre, et 4 officiers et 269 hommes à l'hôpital, de sorte que, par suite de quelques circonstances particulières, il n'y avait que 57 officiers présents sous les armes.

Le 95ᵉ de ligne est évalué, le 12 août, à 66 officiers, 2,024 hommes, et dans l'Historique à 2,512 hommes.

Le 41ᵉ de ligne est porté, le 12 août, avec 67 officiers et 1,920 hommes. Par contre, l'Historique dit que le 18 août au matin, le régiment est fort de 53 officiers, 1,807 hommes, tandis que, d'après ce même Historique, il avait perdu, le 14 et le 16 août, 16 officiers et 348 hommes. Il en résulte que le régiment, abstraction faite des hommes à l'hôpital, des hommes en congé ou en semestre, etc., etc., doit avoir eu un effectif des présents d'au moins 68 officiers et 2,155 hommes.

La force moyenne des 7 bataillons de chasseurs des 3ᵉ et 4ᵉ corps s'élevait déjà, le 12 ou le 13 août, à 847 hommes, bien qu'il y ait des différences de 907 et 788 hommes (le bataillon le plus fort et le plus faible). Du reste, l'Historique du bataillon le plus faible, le 5ᵉ bataillon, donne l'effectif réellement atteint, 839 hommes.

Pour le 6ᵉ corps, au moins la partie qui est arrivée à Metz, nous possédons les effectifs suivants des Historiques :

Le 28ᵉ de ligne avait un effectif de 2,441 hommes; le 70ᵉ de ligne comptait déjà, le 21 juillet, 2,215 hommes; le 94ᵉ de ligne, le 22 juillet, 2,191 hommes. Le 93ᵉ de ligne était fort, le 14 août, de 2,360 hommes. Le docteur Chenu, dans son ouvrage très renommé sur l'état sanitaire chez les Français, évalue à 2,720 hommes la force du 91ᵉ de ligne, sans indiquer une date précise. Enfin, Dick de Lonlay, dans son livre : *Français et Allemands*, 4ᵉ partie, p. 486, cite le 4ᵉ de ligne comme fort, le 19 août, de 1,600 hommes avec un effectif primitif de 2,400 hommes.

Le 44ᵉ de ligne et le 11ᵉ bataillon de chasseurs à pied,

dont les dépôts étaient à Metz, se trouvaient dans des conditions particulières. Nous possédons, par hasard, pour ces deux corps de troupe, des situations d'effectif à des dates différentes. D'après ces situations, le 44ᵉ de ligne comptait, y compris les officiers :

Le 26 août	2,347	hommes.
6 septembre	2,317	—
21 —	2,455	—

Le 11ᵉ bataillon de chasseurs comptait, le 1ᵉʳ septembre, 817 hommes présents, 97 hommes absents ; et le 1ᵉʳ octobre, 796 hommes présents, 234 hommes absents. La situation d'effectif de l'*Enquête parlementaire* donne pour le 44ᵉ de ligne, 66 officiers, 2,234 hommes ; pour le bataillon de chasseurs, 22 officiers et 907 hommes.

De tout cela il ressort très clairement que les données sur les effectifs des 12 et 13 août fournies par la situation de l'*Enquête parlementaire* ne s'appliquent qu'au moment de l'établissement de cette situation et nullement aux effectifs que les régiments français ont atteints effectivement malgré le complet investissement de l'armée du Rhin dans Metz. De forts détachements de réservistes ont rejoint l'armée du Rhin entre l'établissement de la situation d'effectif du 12 août et l'interruption complète des communications de Metz avec le dehors, ainsi que nous l'avons déjà établi pour le 2ᵉ corps.

Les Français ne nient pas, du reste, ce fait ; au contraire, V. D. (*Histoire de la guerre* 1870-71, p. 149) évalue à 7,695 hommes la force des différents détachements de réservistes qui sont arrivés à Metz du 5 au 13 août. Rousset, dans son *Histoire générale de la guerre franco-allemande*, 1re partie, p. 121, porte à 10,700 hommes le chiffre des renforts que l'armée française a reçus après le 6 août. L'Historique du 93e de ligne dit expressément que, le 14 août, 650 réservistes du régiment sont arrivés à Metz. Le bataillon de chasseurs de la garde a même reçu, le 16 août au matin, 180 réservistes.

Il est hors de doute que c'est surtout l'infanterie qui a bénéficié d'une manière sérieuse de l'arrivée de ces nombreux réservistes; la cavalerie n'en a pour ainsi dire pas reçu; et l'artillerie, le génie et les troupes d'administration n'en ont reçu que dans une faible proportion. C'est ainsi que s'explique l'accroissement des effectifs des régiments d'infanterie français, même après le 12 août, et à ce propos on ne doit pas oublier que les situations d'effectifs demandées pour le 12 août ont dû être établies sur le pied des effectifs que les corps de troupe avaient atteints le 11 août.

Il n'y a pas notoirement de différence qui mérite d'être signalée entre la force des régiments d'infanterie du 6e corps et des 3e et 4e corps, bien qu'il semble que l'arrivée des réservistes au camp de Châlons avait dû avoir lieu d'une manière plus régulière qu'à l'armée du Rhin, qui était très rapprochée de la frontière allemande. Mais on doit se rappeler que le 6e corps a été assez inutilement ballotté à droite et à gauche, ce qui fait qu'il a été très difficile de compléter les régiments qui étaient déjà engagés dans un transport en chemin de fer. Par contre, il a été d'autant plus facile aux régiments restés au camp de Châlons de se compléter. En effet, l'ouvrage de G. Bastard (*Sanglants combats*) donne, pour les 6 régiments d'infanterie incorporés au 12ᵉ corps (le 31ᵉ de ligne n'est malheureusement pas envisagé), un effectif de 386 officiers et 14,518 hommes, c'est-à-dire un effectif moyen de 64 officiers et 2,420 hommes par régiment, et il faut entendre par là certainement l'effectif des présents.

En nous basant sur ces considérations, nous pouvons admettre que les régiments d'infanterie des 3ᵉ, 4ᵉ et 6ᵉ corps avaient, le 14 août, en moyenne, un effectif des présents de 2,250 hommes et les chasseurs à pied de 850 hommes, et dans ce chiffre ne doivent pas être compris les malingres et les mauvais marcheurs qui, d'après l'ordre du maréchal Bazaine du 13 août, devaient être renvoyés à Metz. Le chiffre de ces hommes était très élevé. Le baron de Fircks dit dans son ouvrage : *La Défense de Metz*, 1ʳᵉ partie, p. 160, que 1,000 hommes environ de cette catégorie avaient été considérés comme aptes seulement au service de garnison et désignés pour être versés dans les bataillons de Metz.

Si, à côté de l'effectif moyen des présents de 2,420 qu'ont atteint réellement les régiments d'infanterie dans le 12ᵉ corps qui a été formé plus tard, nous n'en admettons cependant pour les 3ᵉ, 4ᵉ et 6ᵉ corps de l'armée du Rhin qu'un de 2,250 hommes, c'est que nous nous appuyons pour cela sur un ordre de l'Empereur Napoléon à son ministre de la guerre, en date du 7 août, portant que tous les hommes de remplacement qui à cette date se trouveraient encore dans les dépôts seraient, aussitôt que possible, dirigés sur le camp de Châlons pour être affectés au 6ᵉ corps (baron de Fircks, 1ʳᵉ partie, p. 80).

Il n'est pas douteux que les régiments d'infanterie

des 3ᵉ, 4ᵉ et 6ᵉ corps de l'armée du Rhin n'ont pas tous atteint l'effectif moyen de 2,250 hommes « sous les armes », mais, par contre, plusieurs régiments ont dépassé ce chiffre, comme nous l'avons montré.

Nous arrivons donc, pour chacune des divisions d'infanterie formées à 13 bataillons des 3 corps d'armée cités plus haut, à un effectif des présents de 9,850, que nous fixerons à 9,800 en nombre rond; et pour les divisions formées à 12 bataillons (3ᵉ et 4ᵉ du 6ᵉ corps), à un effectif de 9,000 hommes. Nous ferons encore une fois remarquer expressément que ce sont des effectifs moyens. Une division aura eu peut-être 100 ou 200 fusils en plus, l'autre division 100 ou 200 fusils en moins, comme cela arrive lorsqu'on ajoute aux chiffres de la situation d'effectif du 8 septembre les pertes subies jusqu'à cette date. Mais ces différences se sont réduites à un minimum insignifiant, en sorte que nous pouvons espérer être arrivés très près de la vérité.

L'emploi du mode de calcul que nous avons appliqué au 2ᵉ corps donne, en se servant de la situation d'effectif du 8 septembre, par exemple pour le 4ᵉ corps, une force de :

```
371 officiers,  10,403 hommes, pour la division Cissey.
366     —       10,592    —          —       Grenier.
329     —       10,357    —          —       Lorencez.
```

Les effectifs sont ainsi à peu près égaux. Si la force de la division Lorencez en officiers est relativement moindre, cela provient simplement de ce que cette division n'a été sérieusement engagée au feu que le 18 août, de sorte que dans les deux autres divisions plusieurs officiers ont figuré deux fois sur les listes de pertes, et que, dans la division Lorencez, ce fait n'a pu se produire que dans une bien plus petite proportion, attendu que, abstraction faite du 18 août, elle n'a eu, jusqu'au 8 septembre, que 4 officiers d'infanterie tués et blessés. Le calcul cadre donc très bien.

Pour obtenir le chiffre des troupes des autres armes qui, en dehors de l'infanterie, font partie de chaque division d'infanterie, nous employons un procédé particulier. Nous extrayons de la situation d'effectif de l'*Enquête parlementaire* des 12 et 13 août les effectifs les plus élevés et les plus bas de ces autres armes, et nous en prenons la moyenne. Nous obtenons de cette façon les résultats suivants :

	Chiffre le plus haut.	Chiffre le plus bas.
Etat-major............	23 hommes.	13 hommes.
Artillerie.............	507 —	473 —
Génie................	148 —	78 —
Train des équipages...	147 —	42 —
Gendarmerie..........	20 —	18 —
Services administratifs.	110 —	40 —
Totaux.........	955 hommes.	664 hommes.

Pour la division de Cissey, il n'y a de portés pour l'artillerie que 337 hommes; c'est évidemment une faute d'impression. Il doit y avoir vraisemblablement 507 hommes, ainsi que cela ressort de la comparaison avec les autres effectifs concernant l'artillerie divisionnaire. Le chiffre des chevaux est, en moyenne, inférieur de 50 à celui des hommes de troupe, tandis que dans la division Cissey le chiffre des chevaux dépasse de 119 celui des hommes. De même le chiffre de 1 officier et 1 homme pour la compagnie du génie de la division Aymard est manifestement le résultat d'une erreur; il est évident que l'on n'a porté que l'officier attaché à l'état-major de la division et son ordonnance et que la compagnie elle-même a été oubliée.

Nous obtenons ainsi le chiffre le plus élevé, 955 hommes; en regard, se trouve le chiffre le plus bas, 644. Cela donne une moyenne de 810 hommes. A cause des grandes différences qui ressortent du tableau comparatif ci-dessus, nous réduisons cette moyenne à 750 hommes, pour nous rapprocher le plus possible de la vérité. Dans ce calcul, nous avons fait complètement abstraction des officiers.

Nous avions fait pour le 4e corps l'application de notre manière de calculer et nous avions ainsi trouvé pour la division un effectif moyen de 10,450 hommes, en nombre rond. Si l'on en retranche 750 pour l'artillerie, le génie et les services administratifs, il reste pour l'infanterie 9,700 hommes, tandis que nous avons trouvé 9,800 hommes. Nous avons donc une différence de 100 hommes, qui se répartit sur 13 bataillons. Si les situations d'effectif françaises de l'*Enquête parlementaire* n'étaient pas si remplies de lacunes et si superficielles, cette différence, déjà insignifiante par elle-même, serait peut-être encore beaucoup plus petite, si même elle n'était pas devenue complètement nulle. En tout cas, nous espérons bien avoir prouvé, de cette façon, que notre calcul est exact.

Pour trouver la force de l'infanterie de la garde pendant les grandes batailles d'août, nous sommes obligés de nouveau d'employer une méthode assez compliquée. Nous possédons aux archives de la guerre une situation d'effectif détaillée de la garde impériale du 1er octobre 1870. D'après cette situation, la force de l'infanterie était la suivante :

La division de Voltigeurs... 358 officiers, 7,993 hommes présents.
— Grenadiers... 213 — 5,530 — —

Il faut maintenant en retrancher 978 hommes, qui ont été versés, le 7 septembre, à la division de Voltigeurs par les 2e, 3e, 4e et 6e corps, et 839 hommes qui ont été passés, les 9 et 10 septembre, à la division de Grenadiers par les mêmes corps d'armée. Cela donne 7,018 pour l'effectif primitif de la division de Voltigeurs, et 4,711 pour la division de Grenadiers.

Il faut maintenant ajouter les pertes que l'infanterie de la garde a éprouvées jusqu'au 1er octobre, savoir : 715 hommes environ pour la division de Voltigeurs et 1,387 pour la division de Grenadiers. On obtient ainsi, en nombres ronds, un effectif

de 7,750 hommes pour la division de Voltigeurs,
et de 6,100 — — Grenadiers.

Jusqu'au 1er octobre, beaucoup d'hommes de la garde, légèrement blessés, sont certainement rentrés à leurs corps comme guéris ; par contre, beaucoup de malades sont entrés à l'hôpital. Comme la division de Grenadiers a, jusqu'au 1er octobre, subi plus de pertes que la division de Voltigeurs, on admettra peut-être que, pour les Grenadiers, le nombre des hommes légèrement blessés rentrés guéris dépasse celui des hommes tombés malades.

Le bataillon de Chasseurs de la garde avait, d'après Dick de Lonlay, 3e partie, p. 136, le 16 août, en comprenant 180 réservistes arrivés ce jour même, un effectif de 29 officiers, 860 hommes. Il reste donc pour les 4 régiments de Voltigeurs 6,890 hommes, c'est-à-dire un effectif moyen de 1,723 hommes par régiment. En défalquant les états-majors de régiment, soit au total 298 hommes, on obtient un effectif moyen de 550 hommes par bataillon de Voltigeurs.

Pour les Grenadiers, il manquait un état-major de régiment et le 3ᵉ bataillon du 3ᵉ régiment de Grenadiers de la garde. Les 3 états-majors de régiment restants comptaient ensemble, le 1ᵉʳ octobre, 195 hommes, de sorte qu'il y aurait un effectif moyen de 590 hommes par bataillon de Grenadiers. Cette supériorité d'effectif de 40 hommes par bataillon de Grenadiers ne pourrait-elle s'expliquer par ce fait que la division de Grenadiers aurait reçu, après le 10 septembre, des autres corps d'armée, un contingent d'hommes de troupe que nous ignorons complètement? Nous ne saurions le dire. Ou bien peut-être la division de Voltigeurs aurait-elle fait des pertes plus grandes que celles que les Français avouent?

Comme résultat final de nos calculs, nous obtenons pour l'infanterie les totaux suivants :

2ᵉ corps, y compris la brigade Lapasset	21,500 hommes.
3ᵉ —	39,200 —
4ᵉ —	29,400 —
6ᵉ —	30,050 —
Garde impériale	13,850 —
Total	134,000 hommes.

Nous faisons expressément remarquer que ces 134,000 hommes n'ont jamais été réellement réunis, car, le 14 août, il manquait encore beaucoup de détachements de réservistes, et, le 15 août, les pertes de la bataille du 14 août doivent être défalquées.

Nous arrivons maintenant à la cavalerie. Celui qui n'est pas bien au courant de l'organisation française devra faire bien attention que les Français avaient, réglementairement, dans chaque escadron, un nombre assez élevé d'hommes de troupe non montés, et qu'en outre ils comprennent, sur leurs situations d'effectif, les chevaux d'officiers.

Nous donnons ici quelques exemples empruntés aux historiques. Ainsi il y avait au :

	Officiers.	Hommes.	Chevaux d'officiers.	Chevaux de troupe.
7e cuirassiers	38	611	78	432
5e hussards	41	548	56	459
10e chasseurs à cheval	49	673	87	545

Dans la cavalerie de la garde il y avait, en moyenne, plus de 2 chevaux par officier; mais, en général, on doit admettre qu'il ne faut retrancher que deux chevaux par officier du total général des chevaux pour obtenir le total des chevaux de troupe. Le nombre des hommes de troupe non montés s'élevait à 20 ou 30 par escadron.

Tous les régiments de cavalerie de la garde, les hussards et les chasseurs à cheval comptaient 5 escadrons; mais les régiments de chasseurs d'Afrique, les cuirassiers, les lanciers et les dragons n'avaient que 4 escadrons.

En moyenne, les escadrons comptaient dans le rang :

2e corps, le 14 août	100	chevaux de troupe.
3e — —	110	—
4e — —	112	—

On sera très près de la vérité en admettant pour tous les corps d'armée français qui n'avaient pas encore été engagés, un effectif moyen de 110 sabres par escadron, effectif qui pourrait bien être ramené à 105, si on tient compte des chevaux fatigués, blessés ou malades.

Le 12 ou le 13 août, la force de la cavalerie était la suivante :

	Officiers.	Hommes.	Chevaux.
2ᵉ corps	166	2,248	2,153
3ᵉ —	290	4,012	3,994
4ᵉ —	175	2,295	2,370
Brigade Lapasset	33	398	439
Totaux	664	8,953	8,956

La force de la cavalerie de la garde peut être évaluée, le 14 août, à 3,700 hommes, en nombres ronds, à savoir à 6 régiments de 240 hommes en moyenne, mais à l'exclusion du 5ᵉ escadron du régiment des guides qui servait d'escorte à l'empereur Napoléon.

Les états-majors de brigade et de division ne sont jamais entrés en ligne de compte.

Le seul escadron que le 6ᵉ corps amena à Metz, le 6ᵉ escadron du 6ᵉ régiment de chasseurs à cheval, peut être évalué à 130 hommes; la division de cavalerie de réserve Forton, à 208 hommes; le seul régiment de chasseurs d'Afrique qui resta dans Metz, à 600 hommes. Le 5ᵉ escadron du 5ᵉ hussards, qui resta également dans Metz, comptait, en nombres ronds, 130 hommes. D'après cela nous trouvons pour l'armée du Rhin un total de 15,600 hommes de cavalerie, en nombres ronds.

Pour l'artillerie nous calculons chaque groupe d'artillerie divisionnaire à 500 hommes environ pour les divisions qui n'avaient pas encore été engagées; et pour le 2ᵉ corps à 450 hommes seulement, à cause des pertes qu'il avait subies le 2 et le 6 août. La batterie de la brigade Lapasset comptait, le 12 août, 140 hommes.

L'artillerie de réserve du 3ᵉ corps était forte, le 12 août, de 55 officiers, 2,320 hommes et 2,606 chevaux;

celle du 4ᵉ corps, le 13 août, de 36 officiers, 1,479 hommes et 1,556 chevaux.

L'artillerie de réserve du 2ᵉ corps est évaluée, le 12 août, à 26 officiers, 946 hommes et 873 chevaux; mais il manque l'état-major et le parc du corps d'armée, qui, au 4ᵉ corps, dont la constitution est la même, est évalué à 8 officiers, 517 hommes et 597 chevaux. Si on comble ces lacunes, on arrive pour l'artillerie de réserve du 2ᵉ corps à 39 officiers, 1,463 hommes et 1,491 chevaux.

Nous comptons les 7 batteries que le 6ᵉ corps a amenées à Metz, à 1,150 hommes, à savoir 500 hommes pour chacun des 2 groupes de l'artillerie divisionnaire et 150 hommes pour la batterie isolée. Pour les batteries des divisions de cavalerie de réserve de Forton et du Barail, nous admettons 150 hommes par batterie.

L'artillerie de la garde avait encore, le 1ᵉʳ octobre, une force de :

```
        87 officiers  2,279 hommes présents.
         2     —       179    —    absents.
Totaux... 89 officiers  2,457 hommes.
```

Nous évaluons par suite l'artillerie de la garde, le 14 août, à 2,500 hommes en nombres ronds.

L'artillerie de réserve de l'armée est évaluée, le 13 août, à 2,061 hommes, y compris les officiers, et à 2,219 chevaux. Mais ici nous nous heurtons à une nouvelle difficulté. Au 3ᵉ et au 4ᵉ corps d'armée, la batterie à cheval a été portée à 155 hommes en moyenne et la batterie de 12 à 199 hommes en moyenne. L'artillerie de réserve de l'armée se composait de 8 batteries montées et de 8 batteries de 12. Nous trouvons donc, d'après l'effectif moyen des batteries citées plus haut, 2,832 hommes ou en nombres ronds 2,800 hommes.

Nous ne pouvons nous expliquer cette chose singulière que par ce fait que les Français n'ont peut-être pas compris les 4 batteries de 12 qui étaient restées dans les forts Moselle et Bellecroix et n'ont rejoint l'armée que le 17 août, ou bien que les batteries de l'artillerie de réserve de l'armée, détachées au 6e corps, ont déjà été défalquées.

En nous basant sur ces calculs très détaillés, et faits avec grand soin, nous arrivons au résultat suivant pour l'artillerie de l'armée du Rhin :

En nombres ronds, il y avait en fait d'artillerie :

2e corps, y compris la brigade Lapasset.	2,500	hommes.
3e —	4,320	—
4e —	2,980	—
6e —	1,150	—
Garde impériale.	2,500	—
Divisions de cavalerie de réserve.	600	—
Artillerie de réserve de l'armée du Rhin.	2,800	—
Total	16,850	hommes,
ou en nombre rond	16,800	—

Il faudrait ajouter le parc de l'artillerie de réserve de l'armée, dont nous ne connaissons pas la force. Au 4e corps, qui était fort de 15 batteries, le parc est évalué à 8 officiers, 517 hommes ; si donc nous admettons pour les 16 batteries du parc de l'artillerie de réserve de l'armée le chiffre de 500 hommes, on ne pourra pas nous accuser de chercher à grossir les effectifs français.

D'après cela, l'artillerie de l'armée du Rhin aurait atteint une force totale de 17,300 hommes en nombre rond.

Quant aux quartiers généraux, aux troupes d'administration, aux troupes du génie, à la gendarmerie, au train des équipages militaires, nous les évaluons, en nombres ronds, de la manière suivante :

Grand quartier général...............	2,300 hommes.
2ᵉ corps...........................	1,500 —
3ᵉ —	1,900 —
4ᵉ —	1,800 —
6ᵉ —	1.100 —
Garde impériale.....................	850 —
Réserve du génie de l'armée..........	600 —
Division de cavalerie de Forton........	50 —
Total en nombre rond......	10,100 hommes.

Nous ne voulons pas trop fatiguer le lecteur par des calculs de détail et nous renvoyons les officiers studieux qui pourraient désirer vérifier l'exactitude de ces chiffres à la situation d'effectif de l'*Enquête parlementaire* plusieurs fois citée, à la situation d'effectif du 8 septembre et à la situation d'effectif de la garde impériale du 1ᵉʳ octobre 1870 qui se trouve aux archives de la guerre. Dans ces situations se trouvent les bases de nos calculs, qui, par suite de combinaisons, ont revêtu la forme que nous leur avons donnée ci-dessus.

Nous obtenons ainsi pour l'armée du Rhin, non compris la division Laveaucoupet, la force suivante :

134,000	hommes d'infanterie,
15,600	— de cavalerie,
17,300	— d'artillerie,
10,100	— de troupes auxiliaires.
177,000	hommes.

Cette force, en nombres très arrondis, se répartit entre les corps d'armée, de la manière suivante :

Grand quartier général.................	2,300	hommes.
2ᵉ corps, y compris la brigade Lapasset	28,150	—
3ᵉ —	49,400	—
4ᵉ —	36,500	—
6ᵉ —	32,400	—
Garde impériale......................	20,900	—
Division de cavalerie de Forton........	2,400	—
— — du Barail........	900	—
Artillerie de réserve de l'armée........	3,300	—
Réserve du génie.....................	600	—
1 escadron du 5ᵉ hussards.............	150	—
Total.........	177,000	hommes.

Derrécagaix, dans son ouvrage : *La Guerre moderne*, 2ᵉ partie, p. 35, évalue l'armée, le soir du 13 août, à 176,195 hommes. Dans ce chiffre sont sans doute compris les malades et les mauvais marcheurs renvoyés à Metz, d'après les ordres du maréchal Bazaine, avant le départ de l'armée du Rhin qui devait avoir lieu le 4 août, de sorte que l'effectif réel des *présents* de l'armée du Rhin se réduirait à 174,000. Mais, naturellement Derrécagaix, n'a pas tenu compte des détachements de réservistes arrivés les 14, 15 et 16 août; nos calculs concorderaient donc presque exactement avec ceux de Derrécagaix.

Quant au chiffre des officiers de l'armée du Rhin le 14 août au matin, il est malheureusement impossible de le calculer exactement. La situation d'effectif du 8 septembre donne, non compris la division Laveaucoupet, le chiffre de 5,311 officiers. Il faudrait y ajouter :

200	—	Perte du 14 août.
837	—	— 16 —
595	—	— 18 —
145	—	dans la bataille de Noisseville.
Total...	7,088	officiers

Mais il faut tenir compte de ceci, c'est que les

Français avaient soin de combler le plus promptement possible leurs pertes en officiers, en nommant sous-lieutenants des sous-officiers. Le général Frossard cite pour son seul corps d'armée, non compris la division Laveaucoupet, la nomination de 112 sous-officiers promus sous-lieutenants jusqu'au 8 septembre.

Si nous admettons que pareille mesure a été prise dans les autres corps d'armée, il faut en conclure que 700 sous-officiers environ de l'armée du Rhin auraient été, jusqu'au 8 septembre, nommés sous-lieutenants.

En outre, beaucoup d'officiers ont été portés plusieurs fois sur les listes de pertes, parce que les officiers légèrement blessés qui sont restés avec leur troupe ont été souvent ou blessés de nouveau ou tués dans une bataille postérieure. Dick de Lonlay compte presque régulièrement les moindres blessures, dès qu'il s'agit d'un officier, et il est permis de supposer qu'un seul et même officier peut avoir reçu une légère égratignure ou une contusion et avoir figuré ainsi 3 ou 4 fois sur les listes de pertes, sans être cependant jamais entré à l'ambulance.

Nous croyons donc pouvoir évaluer le total des officiers de l'armée du Rhin, le 14 août, à 6,000, c'est-à-dire au même chiffre que le nombre des officiers qui ont été remis aux Allemands au moment de la capitulation de Metz, et à ce propos nous devons insister sur ce point que, lors de la capitulation, les officiers de la garde mobile, de la garnison de la place, des troupes de dépôt et de la division Laveaucoupet ont été naturellement compris, tandis que pour le 14 août nous ne parlons que de l'armée du Rhin proprement dite.

Nos recherches aboutissent donc à ce résultat final,

c'est que l'effectif le plus élevé de l'armée du Rhin a été de 6,000 officiers et 177,000 hommes.

Nous voulons maintenant vérifier nos calculs. La situation d'effectif du 8 septembre donne 5,311 officiers et 135,000 hommes, soit 141,172 hommes, Nous ferons remarquer que cette situation, telle qu'elle est reproduite par le baron de Fircks, renferme deux erreurs d'addition, savoir une erreur de 10 hommes pour la division de la cavalerie de la garde, et une erreur de 200 hommes pour le grand état-major de l'armée du Rhin. Sont-ce des erreurs d'addition ou bien y a-t-il des fautes d'impression? Nous ne saurions nous prononcer.

Les pertes des Français dans les 3 batailles du mois d'août, sous les murs de Metz, et dans la bataille de Noisseville, s'élevaient à 1,777 officiers et 39,835 hommes, comme nous le verrons dans le chapitre relatif aux pertes de l'armée du Rhin. En y ajoutant les pertes dans les combats d'avant-postes et dans les petits combats des 15, 17 et 26 août, nous pouvons bien admettre, pour jusqu'au 8 septembre, une perte totale pour l'armée du Rhin de 1,800 officiers et 40.000 hommes = 41,800 hommes en nombres ronds. Nous obtenons ainsi 182,972 hommes, tandis que nous avions trouvé par le calcul 183,000. Cette vérification concorde donc bien avec nos calculs.

Nous ne voulons pas cependant nous en tenir là, et nous allons essayer une deuxième vérification. Le baron de Goltz dit, page 417, qu'à la capitulation de Metz il a été remis aux Allemands, d'après les situations, 6,000 officiers et 144,978 hommes. Dans ce chiffre sont compris les ordonnances d'officiers au nombre de 8,000 environ (beaucoup d'officiers avaient gardé à leur ser-

— 49 —

vice 2 hommes et même plus), ensuite les blessés et les malades, dont le nombre est évalué de 15,162 à 20,170 hommes ; en tout, d'après le général Jarras, 173,000 hommes, y compris les officiers.

Les pertes de l'armée du Rhin par le feu, du 14 août à la capitulation, peuvent être évaluées en nombres ronds à 1,900 officiers et 43,000 hommes. Ici, il faut que nous regardions d'un peu plus près les indications données par les Français. Le lieutenant-colonel Fay, dans son ouvrage *Journal d'un officier de l'armée du Rhin*, donne comme chiffre des Français blessés les 14, 16 et 18 août, 1,150 officiers et 18,320 hommes = 19,470 hommes. Le maréchal Bazaine dit au contraire dans son livre *L'Armée du Rhin*, p. 76, qu'après le 18 août, il y avait dans la ville plus de 16,000 blessés, et que le dernier train de chemin de fer avait pu, sans en être empêché, quitter Metz le 18 août sous la protection de la Convention de Genève, emportant près de 2,000 blessés. Il est donc établi d'une manière officielle qu'un nombre assez élevé de blessés et probablement aussi de malades a été, jusqu'au 18 août, évacué de Metz sur l'intérieur de la France par le chemin de fer. Ces hommes devaient naturellement manquer au moment de la capitulation.

D'après Fay, 1,330 officiers et 22,100 hommes blessés, en tout, ont été transportés dans Metz, car il faut admettre qu'il ne comprend sous la rubrique « blessés » que les blessés restés entre les mains des Français, tandis que tous les blessés faits prisonniers par les Allemands sur le champ de bataille devaient naturellement figurer sous la rubrique « disparus. » Mais Fay ne donne après la bataille de Noisseville que les pertes des 22 septembre et 7 octobre; il manque les pertes pour les combats du 22 septembre, des 1er, 2 et 6 octobre, et tous les combats d'avant-postes. Si l'on ajoute toutes ces pertes d'après les historiques français et les indications de Dick de Lonlay, on trouve, pour le total des pertes de l'armée du Rhin, du 14 août à la capitulation, 1,900 officiers et 43,000 hommes, dont 1,400 officiers et 22,500 hommes blessés ont été transportés à Metz, tandis que tous les autres ou bien sont restés morts sur le champ de bataille, ou bien sont tombés, blessés ou non blessés, entre les mains des Allemands. Par suite, le total des Français tués sur le champ de bataille ou qui, blessés ou non, ont été faits prisonniers par les Allemands, s'élève, en nombres ronds, à 500 officiers et 20,500 hommes, soit 21,000 hommes.

7,203 officiers et soldats français seulement, morts dans Metz, ont été enterrés dans le grand cimetière de l'île Chambière.

Maintenant il est certain que les soldats français morts dans les camps français autour de Metz, surtout dans les derniers temps, n'ont pas tous été transportés dans l'île Chambière, mais ont été souvent enterrés sur place, par exemple dans les cimetières des localités les plus voisines. Par suite, le nombre des Français, morts de leurs blessures ou de maladies dans l'intérieur des lignes françaises, peut fort bien être porté à 8,000. Nous obtenons alors les chiffres suivants :

173,000 hommes, livrés au moment de la capitulation,
21,000 — ensevelis sur les champs de bataille, ou tombés, blessés ou non, entre les mains des Allemands.
8,000 — enterrés dans l'intérieur des lignes françaises.

Total 202,000 hommes.

Nous avions trouvé comme effectif le plus élevé de l'armée du Rhin :

183,000 hommes. Il faut y ajouter :
8,500 — de la division Laveaucoupet,
11,600 — de la garnison de Metz, d'après V. D. (*Histoire de la Guerre de* 1870, p. 505).

Total 203,100 hommes.

Il en résulte ainsi une différence de 1,100 hommes, différence qui s'explique très aisément par ce fait que, pendant les derniers temps, de nombreuses désertions se sont produites parmi les Français. Le baron de Goltz donne sur ce point beaucoup de détails, pages 356 et 357.

On pourrait nous objecter que l'effectif de l'armée renfermée dans Metz a été grossi par les blessés échangés, et par les 730 prisonniers de guerre non blessés qui ont été rendus à Metz les 7 et 9 septembre. Cela est vrai. A ce fait on peut opposer cet autre fait, également prouvé, c'est que de très nombreux blessés ont été, jusqu'au 18 août, évacués de Metz sur l'intérieur de la France. Nous avons, il est vrai, signalé plus haut ce dernier fait, mais nous n'en avons pas tenu compte dans nos calculs, parce que nous n'avons pas de données exactes sur le développement qu'ont eu ces évacuations.

En tous cas, si on faisait entrer ces évacuations en ligne de compte, on n'arriverait qu'à démontrer que l'armée française de Metz était encore plus forte que nous ne l'avons évaluée, et pas du tout le contraire.

Cette deuxième vérification démontre donc victorieusement l'exactitude de nos calculs.

La garde nationale de Metz, qui, à la capitulation, n'a pas été emmenée en captivité, comptait 5,600 hommes en nombre rond, de sorte que le total de tous les Français revêtus d'un uniforme et armés, enfermés dans Metz, a atteint le chiffre énorme de 208,700 hommes, y compris tous les détachements de réservistes qui sont arrivés postérieurement.

Nous ajouterons encore que le général Jarras, dans ses *Souvenirs du général Jarras*, page 351, évalue à 178,000 hommes le total de l'armée du Rhin à diriger le 15 août vers le plateau de Gravelotte, tandis que nous, après défalcation des pertes du 14 août qui s'élevaient à 200 officiers et 4,085 hommes, nous avons obtenu le chiffre de 178,715 hommes.

Cette vérification concorde donc parfaitement, car il est évident que le général Jarras n'a donné qu'un nombre fortement arrondi. Le chef d'état-major de l'armée du Rhin devait connaître mieux que personne l'effectif de l'armée, de sorte que l'exactitude de ses indications ne saurait souffrir aucun doute.

Pour les lecteurs qui ne sont pas familiarisés avec ces calculs d'effectifs, nous ajoutons la force de l'armée du Rhin en combattants. Nous comptons, pour l'infanterie, par bataillon, 50 non combattants ; le petit état-major du régiment est compris dans ce chiffre. Pour la cavalerie, nous admettons, puisqu'il s'agit de nombres ronds, un effectif moyen de 105 sabres par escadron ; pour l'artillerie, nous comptons 20 hommes par pièce; nous laissons de côté les troupes du génie, parce qu'il nous est impossible, à cause des grandes lacunes des situations d'effectifs, d'évaluer avec quelque exactitude le nombre des combattants.

D'après cela, l'armée du Rhin comptait, non compris la division Laveaucoupet et les troupes parties pour escorter l'empereur Napoléon :

```
186 batail. 1/2 = 124,675  ou en nombre rond  124,000 fusils.
122 escadrons =  12.810     —         —       12,800 sabres.
522 pièces    =  10,440     —         —       10,400 hommes d'artil.
              Total en nombre rond : 147,800 combattants.
```

Ces nombres se rapprochent remarquablement des indications du maréchal Bazaine (*Armée du Rhin*, p. 46), d'après lesquelles l'armée du Rhin aurait été forte de 122,000 hommes d'infanterie, 13,000 de cavalerie et 10,000 hommes d'artillerie.

Nous voyons ensuite que, malgré un effectif de 177,000 hommes, il n'y avait que 147,800 combattants ; que, par conséquent, les non-combattants s'élevaient à 16,5 pour cent de l'effectif, et encore c'est à tort que, pour les motifs indiqués plus haut, les troupes du génie ont été comptées parmi les non-combattants.

Si les Français avaient eu des trains bien organisés, comme celui que les Allemands conduisaient avec eux, le nombre des non-combattants aurait été beaucoup plus grand. Un corps d'armée allemand de 25 bataillons, 8 escadrons et 108 pièces, a aujourd'hui un effectif de rationnaires qui n'est pas moindre que 38,000 hommes et, par contre, un effectif de combattants de 23,750 fusils, 1,120 sabres, et 2,160 hommes d'artillerie, total 27,000 combattants en nombre rond. Et encore, pour pouvoir établir la comparaison, nous n'avons pas fait entrer en ligne de compte les pionniers ; en comprenant les pionniers, les non-combattants s'élèvent en nombre rond à 29 p. 100 des rationnaires, tandis qu'à l'armée du Rhin, nous n'avons pu les compter que pour 16,5 pour 100 de l'effectif des rationnaires.

Il en résulte que l'armée du Rhin a dû avoir un train considérable de voitures de réquisition. Et en effet, elle n'emmenait avec elle, le 15 août, pas moins de 3,390 voitures à vivres, sans compter un nombre incalculable de voitures de cantinières et de voitures à bagages pour les officiers.

Beaucoup de lecteurs seront fatigués de tous ces détails de nos recherches statistiques ; mais il ne suffit pas, dans notre siècle sceptique, de se borner à de simples affirmations ; il faut prouver d'une manière irréfutable ce que l'on affirme. Nous espérons avoir réussi à prouver l'exactitude de nos affirmations ; nous ne désespérons pas cependant de voir les Français publier enfin quelque jour des documents officiels sur ce sujet, et éclaircir ainsi bien des points restés obscurs. Nous espérons avoir atteint tout ce qu'on peut obtenir par voie de combinaisons refléchies et approfondies. Mais la vérité officiellement exacte et motivée se rit souvent des combinaisons les plus ingénieuses. Nous accueillerons donc avec le plus grand plaisir les rectifications officielles qui nous viendraient des Français.

Il y a, pour la continuation de nos recherches, deux questions d'une importance toute particulière, savoir :

1º Quelle était la valeur intrinsèque, morale, de l'armée du Rhin ?

2º Jusqu'à quel point la valeur primitive de l'armée

du Rhin avait-elle été diminuée par les pertes qu'elle avait subies dans les grandes batailles du mois d'août ?

Nous consacrerons à la seconde question un chapitre particulier ; quant à la première question, nous allons la traiter tout de suite.

L'armée du Rhin était la plus belle armée, la meilleure que la France ait mise sur pied depuis l'époque du grand maître des batailles, Napoléon. Les troupes étaient animées du meilleur esprit ; elles désiraient la guerre avec toute l'ardeur de la passion française. Le corps d'officiers et de sous-officiers était distingué, plein d'une ardeur guerrière, d'une aptitude remarquables au service militaire par suite d'une longue pratique, et ayant, en majeure partie, l'expérience de la guerre. Pendant les 17 dernières années, la France avait fait la guerre de Crimée, la guerre d'Italie, beaucoup de petites expéditions en Algérie, et enfin la campagne du Mexique sans compter la campagne de Mentana. Partout les Français avaient été victorieux ; seul l'assaut de Sébastopol le 18 juin avait été repoussé.

Les Français sont, on le sait, naturellement très vaniteux et fiers de leur gloire militaire. Les historiens, les peintres et les poètes ont, à l'envi, exalté la gloire des armes françaises, et répété à l'armée française qu'elle était invincible. Il y a eu certainement à l'armée du Rhin des officiers distingués et instruits dont la confiance dans son invincibilité était agitée par des doutes pleins d'inquiétude ; mais la grande masse des Français croyait fermement et intimement qu'aucune armée n'égalait l'armée française sous le rapport de l'aptitude à la guerre.

L'armement de l'infanterie était le meilleur qu'il y eût

alors; la cavalerie était prête à se dévouer de la manière la plus absolue en chargeant. L'artillerie avait confiance dans ses canons rayés et dans ses mitrailleuses et d'autant plus de confiance que l'artillerie prussienne n'avait pas cueilli beaucoup de lauriers dans la guerre de 1866.

Il y avait, en outre, un levier puissant qui développait au plus haut point l'ambition jusque chez le simple soldat. On sait que le corps d'officiers français se recrute, dans une très forte proportion, parmi les sous-officiers; les épaulettes d'officier étaient donc accessibles aux simples soldats. La valeur native des Français trouvait ainsi un but pratique; des avantages matériels, à la portée des soldats braves et vigoureux, étaient pour eux des stimulants : celui qui connaît les hommes, reconnaîtra que ce mode d'avancement devait exciter puissamment et de la manière la plus efficace le patriotisme et l'amour de la guerre qui sont bien plus innés chez les Gaulois que chez les Germains.

Il est vrai qu'en France l'amour du général en chef n'est pas très développé : des tendances démocratiques avaient jeté des racines jusque dans l'armée; mais au-dessus de tout planait « La France » et cette image idéale de la Patrie sacrée tenait lieu pour le Français de beaucoup de choses, sinon de tout.

Tels étaient, en somme, les côtés brillants de l'armée française; mais il ne manquait pas d'ombres.

La discipline a toujours laissé beaucoup à désirer chez les Gaulois : il en était déjà ainsi du temps de César et cela est resté vrai de nos jours. La discipline stricte qui règne dans l'armée allemande, comme une chose simple et toute naturelle, était étrangère et odieuse aux Français. Napoléon Ier lui-même n'avait pu étouffer complètement chez les Français ce penchant à l'indiscipline. Dans une armée victorieuse, on pouvait bien fermer les yeux ; mais pendant la guerre de 1870-71, il n'y a pas eu chez les Français d'armée victorieuse. Tout nouvel insuccès, toute nouvelle défaite développait l'indocilité chez les officiers et chez les soldats.

On n'avait pas cessé de prêcher l'invincibilité des Français ; maintenant les échecs ne cessaient de se succéder ; comment cela pouvait-il se faire, sinon par suite de trahison ? Le mot du poète : « Tout se paie ici-bas » trouva de nouveau en cette circonstance sa complète vérification. Plus l'invincibilité des soldats français avait été exaltée, plus l'abattement devait être profond.

Depuis la bataille de Wœrth, le « cauchemar prussien » pesait sur les généraux français et toute l'armée française. La France ne pouvait se débarrasser de ce cauchemar.

Par amour pour le Chassepot on avait rompu avec la vieille tradition française « l'offensive à outrance », et on avait commis là une faute dont les conséquences avaient été incalculables. La cavalerie française avait pareillement rompu avec la tradition napoléonienne d'un service d'exploration à exécuter au loin en avant de l'armée, et ne rendait, pour ainsi dire, aucun service sous ce rapport ; enfin l'artillerie française s'était montrée très inférieure, et ce sentiment de son infériorité devait naturellement exercer sur elle une grande influence et en quelque sorte la paralyser.

Le commandement de l'armée s'était montré, dès le

début de la guerre, sous un jour très triste et avait complètement perdu la confiance de l'armée.

On peut donc résumer ainsi d'une manière caractéristique les défectuosités de l'armée française : « Mauvaise direction de l'armée ; peu de généraux d'une valeur indiscutable ; pas de confiance dans l'armée ; une tactique défectueuse ; service d'exploration de la cavalerie complètement insuffisant ; artillerie tout à fait médiocre et un penchant à l'indiscipline qui augmentait de jour en jour dans l'armée ; par dessus tout, malgré toutes les fanfaronnades, le sentiment très net de la supériorité de valeur des armées allemandes et du remarquable commandement de l'armée .»

Si l'on met en balance les qualités et les défauts des Français, on sera obligé d'arriver à cette conclusion que les défectuosités l'emportaient sur les qualités.

En tout cas, l'esprit militaire resta, jusqu'à la fin, bien meilleur à l'armée du Rhin qu'à l'armée de Châlons.

Enfin, pour ce qui est de la bravoure, on aurait pu demander à l'armée du Rhin les actes les plus héroïques, si *le commandement* avait su le faire ou, pour parler plus justement, s'il l'avait voulu. Tous les combattants de l'armée allemande d'investissement ne sauraient refuser de rendre hommage à l'ennemi pour sa grande et souvent éclatante bravoure.

III. — A) Pertes de l'armée française du **Rhin** jusqu'au 1ᵉʳ septembre 1870 inclus.

DÉSIGNATION DES CORPS.	2 AOÛT. Officiers.	2 AOÛT. Hommes.	6 AOÛT. Officiers.	6 AOÛT. Hommes.	16 AOÛT. Officiers.	16 AOÛT. Hommes.	18 AOÛT. Officiers.	18 AOÛT. Hommes.	BATAILLE de NOISSEVILLE. Officiers.	BATAILLE de NOISSEVILLE. Hommes.
3ᵉ bataillon de chasseurs.....	»	1	6	230	6	120	2	50	»	»
32ᵉ de ligne.....	»	2	20	450	15	330	3	90	1	60
55ᵉ —	»	1	5	200	8	320	3	120	»	»
76ᵉ —	»	»	18	450	16	600	5	50	»	»
77ᵉ —	1	12	8	280	5	150	2	190	»	»
1ʳᵉ division : 2ᵉ corps........	1	16	57	1610	50	1520	15	500	1	60
12ᵉ bataillon de chasseurs.....	»	»	»	»	11	230	2	10	»	»
8ᵉ de ligne.....	»	4	15	300	8	260	4	50	»	10
23ᵉ —	»	»	6	120	18	460	4	100	»	25
66ᵉ —	5	47	13	400	16	630	1	55	»	15
67ᵉ —	»	28	4	110	25	780	»	»	»	10
2ᵉ division : 2ᵉ corps........	5	79	38	930	78	2360	11	215	»	60
10ᵉ bataillon de chasseurs.....	»	»	12	220	»	»	»	»	»	»
2ᵉ de ligne.....	»	»	24	360	»	»	»	»	»	»
63ᵉ —	»	»	16	350	»	»	»	»	»	»
24ᵉ —	»	»	25	480	»	»	»	»	»	»
40ᵉ —	»	2	33	540	»	»	»	»	»	»
3ᵉ division : 2ᵉ corps........	»	2	110	1950	»	»	»	»	»	»
1 compagnie, 14ᵉ bataillon de chasseurs.....	»	»	»	»	2	45	»	»	»	»
84ᵉ de ligne.....	»	»	»	»	21	420	1	35	»	10
97ᵉ —	»	»	»	»	20	440	4	50	»	»
1 compagnie 1/2, 46ᵉ de ligne.....	»	»	»	»	1	20	»	?	»	»
1 compagnie, 11ᵉ de ligne.....	»	»	»	»	»	?	»	?	»	»
86ᵉ —	»	»	»	»	»	?	»	?	»	»
Brigade Lapasset	»	»	En nombre rond		45	950	5	100	»	10

RÉCAPITULATION.

Force.		Pertes jusqu'au 1ᵉʳ septembre.		
	hommes.	nombre rond officiers.	nombre rond hommes.	
1ʳᵉ division : 2ᵉ corps,	9,800	124	3,710	37,85 %
2ᵉ — —	9,800	132	3,650	37,25 %
3ᵉ — —	9,800	110	1,950	20,00 %
Brigade Lapasset.....	4.500	50	1,060	23,55 %

Ont perdu le plus : 66ᵉ de ligne 35 officiers, 1,150 hommes.
— — 76ᵉ — 39 — 1,100 —

DÉSIGNATION DES CORPS.	14 AOÛT.		16 AOÛT.		18 AOÛT.		BATAILLE de NOISSEVILLE.		OBSER- VATIONS.
	Offi- ciers.	Hom- mes.	Offi- ciers.	Hom- mes.	Offi- ciers.	Hom- mes.	Offi- ciers.	Hom- mes.	
18ᵉ bataillon de chasseurs.....	»	»	»	»	»	15	2	110	
81ᵉ de ligne.....	»	3	2	10	5	270	13	250	
95ᵉ —	»	1	2	10	10	200	9	310	
51ᵉ —	»	4	27	380	3	40	3	90	
62ᵉ —	»	»	14	180	1	50	13	360	
1ʳᵉ division : 3ᵉ corps........	»	8	45	580	19	575	40	1120	
15ᵉ bataillon de chasseurs.....	5	190	»	»	»	5	»	6	
19ᵉ de ligne.....	11	520	»	»	»	10	»	?	
41ᵉ —	18	350	»	1	»	10	»	1	
69ᵉ —	13	325	»	13	»	50	»	?	
90ᵉ —	11	300	»	12	1	50	»	»	
2ᵉ division : 3ᵉ corps........	58	1685	»	26	1	125	Nombre rond.	10	
7ᵉ bataillon de chasseurs.....	3	30	»	»	5	120	»	30	(1) Le 7ᵉ de ligne a perdu les 7 et 9 octobre environ 20 hommes.
7ᵉ de ligne (1)..	8	200	»	»	1	60	10	320	
29ᵉ —	13	210	»	»	8	170	12	140	
59ᵉ —	26	320	»	»	14	180	10	200	
71ᵉ —	11	320	»	»	3	80	5	10	
3ᵉ division : 3ᵉ corps......	61	1080	»	»	31	610	37	830	

DÉSIGNATION DES CORPS.	14 AOÛT.		16 AOÛT.		18 AOÛT.		BATAILLE de NOISSEVILLE.		OBSERVATIONS.
	Officiers.	Hommes.	Officiers.	Hommes.	Officiers.	Hommes.	Officiers.	Hommes.	
11ᵉ bataillon de chasseurs.....	3	80	»	10	1	30	6	130	
44ᵉ de ligne.....	8	140	»	10	8	70	3	50	
60ᵉ —	4	70	1	10	9	180	3	100	
80ᵉ —	6	30	2	40	23	510	1	20	
85ᵉ —	2	40	1	30	4	110	2	50	
4ᵉ division : 3ᵉ corps........	23	360	40	100	45	900	15	350	

RÉCAPITULATION.

	Force.		Pertes jusqu'au 1ᵉʳ septembre inclus.		
		Hommes.	Nombre rond Officiers.	Nombre rond Hommes.	
1ʳᵉ division : 3ᵉ corps.		9,800	104	2,285	23,32 °/₀
2ᵉ — —		9,800	59	1,850	18,88 °/₀
3ᵉ — —		9,800	129	2,540	25,92 °/₀
4ᵉ — —		9,800	87	1,710	17,45 °/₀

DÉSIGNATION DES CORPS.	14 AOÛT.		16 AOÛT.		18 AOÛT.		BATAILLE de NOISSEVILLE.		
	Off.	Hom.	Off.	Hom.	Off.	Hom.	Off.	Hom.	
20ᵉ bataillon de chasseurs.....	2	30	5	100	4	110	6	140	
1ᵉʳ de ligne.....	1	15	16	420	23	575	10	250	
6ᵉ —	1	10	3	20	22	550	14	250	
57ᵉ —	»	10	23	450	19	480	1	20	
1ʳᵉ division : 4ᵉ corps........	5	95	67	1390	85	2145	32	710	
5ᵉ bataillon de chasseurs.....	8	120	»	20	2	115	3	40	
13ᵉ de ligne.....	14	260	6	100	17	400	1	40	
43ᵉ —	2	30	5	180	29	600	»	45	
64ᵉ —	17	250	1	30	12	310	»	5	
98ᵉ —	1	20	1	10	19	400	1	60	
2ᵉ division : 4ᵉ corps........	42	680	13	340	79	1825	5	190	
2ᵉ bataillon de chasseurs.....	»	2	»	2	13	230	1	15	
15ᵉ de ligne.....	»	1	»	»	18	540	»	60	
33ᵉ —	»	»	»	»	5	110	2	120	
54ᵉ —	»	3	»	»	25	600	»	»	
65ᵉ —	1	20	»	»	21	630	»	20	
3ᵉ division : 4ᵉ corps........	1	26	»	2	82	2110	3	215	

RÉCAPITULATION.

Force.		Pertes jusqu'au 1ᵉʳ septembre inclus.		
	Hommes.	Nombre rond Officiers.	Nombre rond Hommes.	
1ʳᵉ division : 4ᵉ corps,	9.800	189	4,340	44,29 %.
2ᵉ — —	9.800	139	3,355	30,97 %.
3ᵉ — —	9.800	86	2,035	204,3 %.

A perdu le plus, le 1ᵉʳ de ligne, savoir : 50 officiers, 1,260 hommes.

DÉSIGNATION DES CORPS.	16 AOÛT.		18 AOÛT.		BATAILLE de NOISSEVILLE.		OBSERVATIONS.
	Officiers.	Hommes.	Officiers.	Hommes.	Officiers.	Hommes.	
9ᵉ bataillon de chasseurs.....	4	120	11	200	»	»	NOTA. — Le 10ᵉ de ligne a perdu, le 15 août, 4 officiers et 48 hommes.
4ᵉ de ligne....	9	230	13	550	2	40	
10ᵉ —	4	130	24	500	4	100	
12ᵉ —	1	50	26	700	7	150	
100ᵉ —	8	120	7	120	1	40	
1ʳᵉ division : 6ᵉ corps........	26	650	81	2070	14	330	
9ᵉ de ligne......	27	650	10	350	»	»	
75ᵉ de ligne.....	23	650	3	100	»	20	
91ᵉ —	16	380	10	130	2	40	
93ᵉ —	27	650	14	520	»	10	
94ᵉ —	24	570	12	450	1	1	
3ᵉ division : 6ᵉ corps........	90	2250	39	1200	3	71	
25ᵉ de ligne.....	21	540	10	290	1	3	
26ᵉ —	19	520	9	240	»	»	
28ᵉ —	6	120	25	660	»	5	
70ᵉ —	14	370	19	480	»	1	
4ᵉ division : 6ᵉ corps........	60	1550	63	1670	1	15	

RÉCAPITULATION.

	Force.	Pertes jusqu'au 1ᵉʳ septembre inclus.		
	Hommes.	Nombre rond Officiers.	Nombre rond Hommes.	
1ʳᵉ division : 6ᵉ corps,	9,800	125	3,060	31,22 %.
9ᵉ régiment de ligne,	2,250	37	1,000	44,44 %.
3ᵉ division : 6ᵉ corps,	9,000	132	3,520	39,11 %.
4ᵉ — —	9,000	124	3,235	35,94 %.
		Officiers.	Hommes.	
Régiments ayant le plus perdu : le 93ᵉ de ligne,		41	1,180	
— — 94ᵉ —		37	1,020	
— — 9ᵉ —		37	1,000	

DÉSIGNATION DES CORPS.	16 AOÛT.		18 AOÛT.		OBSERVATIONS.
	Officiers.	Hommes.	Officiers.	Hommes.	
Bataillon de chasseurs de la garde............	12	200	»	»	NOTA.
1ᵉʳ régiment de voltigeurs	1	40	1	20	—
2ᵉ — —	15	170	1	40	Le 1ᵉʳ régiment de voltigeurs a perdu le 14 août 3 hommes.
3ᵉ — —	2	60	»	?	
4ᵉ — —	5	180	»	»	
1ʳᵉ division de la garde..	35	650	2	60	
Régiment de zouaves de la garde............	5	100	»	»	Le 3ᵉ régiment de grenadiers a perdu, à la bataille de Noisseville, 2 hommes.
1ᵉʳ régᵗ de grenadiers...	14	280	»	5	
2ᵉ — —	26	520	»	»	
3ᵉ — —	24	480	»	»	
2ᵉ division de la garde..	69	1380	»	5	

RÉCAPITULATION.

	Force.	Pertes jusqu'au 1ᵉʳ septembre inclus.		
	Hommes.	Nombre rond Officiers.	Nombre rond Hommes.	
1ʳᵉ division de la garde,	7,750	37	715	9,23 %.
2ᵉ — —	6,100	69	1,387	22,73 %.

Deux régiments de la garde ont éprouvé, jusqu'au 1ᵉʳ septembre, des pertes sérieuses, savoir : le 2ᵉ régiment de Grenadiers qui a perdu à peu près 28,18 0/0, et le 3ᵉ Grenadiers, fort de 2 bataillons seulement, qui a perdu certainement 40,85 0/0.

Les divisions d'infanterie ont subi, jusqu'au 1ᵉʳ septembre, les pertes suivantes :

1. Division	Cissey	du 4ᵉ corps	....	44,29 %.
2. —	Lafond de Villiers	du 3ᵉ —	....	39,11 %.
3. —	Vergé	du 2ᵉ —	....	37,85 %.
4. —	Fauvart-Bastoul	du 2ᵉ —	....	37,25 %.
5. —	Levassor-Sorval	du 6ᵉ —	....	35,94 %.
6. —	Tixier	du 6ᵉ —	....	31.22 %.
7. —	Grenier	du 4ᵉ —	....	30,97 %.
8. —	Metman	du 3ᵉ —	....	25,92 %.
9. —	Lorencez	du 4ᵉ —	....	24,03 %.
10. Brigade	Lapasset	du 5ᵉ —	....	23,55 %.
11. Division	Montaudon	du 3ᵉ —	....	23,32 %.
12. —	de Grenadiers de la garde	....		22,73 %.
13. —	Laveaucoupet du 2ᵉ corps	....		20,00 %.
14. —	Castagny — 3ᵉ —	....		18,88 %.
15. —	Aymard — 3ᵉ —	....		17,45 %.
16. —	de Voltigeurs de la garde	....		9,23 %.

Par suite, jusqu'au 1ᵉʳ septembre :

7 divisions d'infanterie avaient perdu plus de 30 pour cent.
5 — —
et la brigade Lapasset } avaient perdu 20 pour cent et plus.
2 divisions d'infanterie, avaient perdu plus de 15 pour cent.
1 — — — moins de 10 —

Les régiments de ligne français suivants ont perdu plus de 750 hommes jusqu'au 1ᵉʳ septembre :

1. Régiment de ligne	nº 1.	50 officiers,	1,260 hommes.	
2. —	nº 93.	41 —	1,180	—
3. —	nº 66.	35 —	1,150	—
4. —	nº 76.	39 —	1,100	—
5. —	nº 94.	37 —	1,020	—
6. —	nº 9.	37 —	1,000	—
7. —	nº 57.	41 —	940	—
8. —	nº 73.	41 —	930	—
9. —	nº 32.	39 —	930	—
10. —	nº 67.	29 —	930	—

11.	Régiment de ligne	n° 12.	34 officiers,	900 hommes.
12.	—	n° 43.	36 —	855 —
13.	—	n° 70.	33 —	850 —
14	—	n° 25.	32 —	835 —
15.	—	n° 6.	40 —	830 —
16.	—	n° 4.	24 —	820 —
17.	—	n° 13.	38 —	800 —
18.	—	n° 28.	31 —	785 —
19.	—	n° 75.	26 —	770 —
20.	—	n° 26.	28 —	760 —

Il faudrait ajouter les deux bataillons du 3e régiment de Grenadiers de la garde restés à Metz, dont la perte, comparée à l'effectif d'un régiment de ligne, se serait élevée, en nombre rond, à 920 hommes.

Les bataillons de chasseurs français suivants avaient, jusqu'au 1er septembre, perdu plus de 30 0/0.

1.	Bataillon de chasseurs	n° 3.	14 officiers,	400 hommes.
2.	—	n° 20.	17 —	380 —
3.	—	n° 9.	15 —	320 —
4.	—	n° 5.	13 —	295 —

Par contre, les régiments de ligne français suivants perdirent moins de 450 hommes :

1.	Régiment de ligne	n° 69.	13 officiers,	390 hommes.
2.	—	n° 90.	12 —	365 —
3.	—	n° 2.	24 —	360 —
4.	—	n° 41.	18 —	360 —
5.	—	n° 60.	17 —	360 —
6.	—	n° 63.	16 —	350 —
7.	—	n° 100.	16 —	380 —
8.	—	n° 44.	16 —	270 —
9.	—	n° 85.	9 —	250 —
10.	—	n° 33.	7 —	230 —

Les 4 régiments de Voltigeurs de la garde, le régiment des Zouaves de la garde et le 1er régiment de Grenadiers perdirent également moins de 20 0/0.

Des bataillons de chasseurs, le 18e bataillon seul perdit moins de 20 0/0, savoir 2 officiers et 125 hommes.

S'il est permis d'appliquer complètement l'emploi des moyennes, les 3 régiments suivants auraient perdu plus de 30 0/0, c'est-à-dire plus de 675 hommes :

1. Régiment de ligne n° 10.   32 officiers,   730 hommes.
2.   —   n° 23.   28   —   705   —
3.   —   n° 59.   50   —   700   —

Des 63 régiments d'infanterie, y compris la division Laveaucoupet, que comptait l'armée du Rhin, il y en eut donc :

3 qui perdirent plus de   50 pour cent.
9   —   —   40   —
12   —   —   30   —
23   —   entre 20 et 30   —
16   —   moins de 20   —

jusqu'au 1ᵉʳ septembre.

Des 12 bataillons de chasseurs, il y eut :

2 bataillons qui perdirent plus de   40 pour cent.
2   —   —   30   —
7   —   —   entre 20 et 30   —
1   —   —   moins de 20   —

jusqu'à la même époque.

Si maintenant on veut employer une base semblable pour comparer les pertes des armées allemandes d'investissement, il faut évaluer les régiments d'infanterie prussiens à 2,850 rationnaires, y compris les malades, et les régiments d'infanterie hessois à 1,850 hommes.

Nous arrivons alors à ce résultat certainement surprenant, en ce qui concerne les chiffres des pertes des régiments allemands, c'est que jusqu'au 1ᵉʳ septembre, les pertes dans l'armée allemande d'investissement ont été de :

Plus de 60 pour cent

Au régiment n° 16 du Xᵉ corps d'armée.

De 40 pour cent et plus, cependant moins de 50 pour cent

Au régiment n° 43 du Ier Corps d'armée.
— n° 12 du IIIe —
— n° 48 du IIIe —
— n° 52 du IIIe —
— n° 11 du IXe —

Plus de 30 pour cent

Au régiment n° 3 du Ier Corps d'armée.
— n° 44 du Ier —
— n° 24 du IIIe —
— n° 72 du VIIIe —
— n° 85 du IXe —
Au 1er bataillon de chasseurs hessois du IXe —

25 à 30 pour cent

Au régiment n° 4 du Ier Corps d'armée.
— n° 35 du IIIe —
Au bataillon de chasseurs n° 3 du IIIe —
Au régiment n° 39 du VIIe —
— n° 40 du VIIIe —
— n° 56 du Xe —
— n° 57 du Xe —

20 à 30 pour cent

Au régiment n° 20 du IIIe Corps d'armée.
— n° 64 du IIIe —
— n° 55 du VIIe —
— n° 73 du VIIe —
— n° 74 du VIIe —
— n° 77 du VIIe —
— n° 33 du VIIIe —
Bataillon de chasseurs n° 8 du VIIIe —
Régiment n° 60 du VIIIe —
— n° 36 du IXe —
— n° 78 du Xe —

10 pour cent

Régiment n° 1 du Ier Corps d'armée.
— n° 54 du IIe —

Régiments n°s 13, 15, 53 et batail. de chas. n° 7 du VII° Corps d'armée.
— n°s 28, 29, 67 du VIII° corps d'armée.
— n° 84, 1er hessois, 2e hessois, 3e hessois, bataillon de chasseurs n° 9 et n° 2 hessois, et bataillon de chasseurs du 9e Corps d'armée.
— n°s 79 et 91 du X° Corps d'armée.

Au-dessous de 10 pour cent

Régiments n°s 5, 41, 45 du I°r Corps d'armée.
— n°s 2, 9, 14, 21, 42, 49, 61 et bataillon de chasseurs n° 2 du II° Corps d'armée.
— n°s 17, 92, et bataillon de chasseurs n° 10 du X° Corps d'armée.
— n° 69 du VIII° Corps d'armée.
4° régiment hessois du IX° Corps d'armée.
Régiments n°s 19, 81 et les } de la 3° division de réserve.
4 régiments de landvehr }

Les armées allemandes d'investissement devant Metz comptaient, le 1er septembre, 62 régiments d'infanterie et 9 bataillons de chasseurs. Leurs pertes jusqu'au 1er septembre furent de :

Plus de 60 pour 0/0 pour 1 régiment d'infant.
    40 à 50 0/0 — 5   —
    30 à 40 0/0 — 6   —   2 bataill. de chass.
    25 à 30 0/0 — 6   —   1   —
    20 à 25 0/0 — 10   —   1   —
    10 à 20 0/0 — 14   —   3   —
au-dessous de 10 0/0 — 20   —   2   —
              Total..... 62 régiments d'infant. 9 bataill. de chass.

Un tableau comparatif des pertes des deux côtés sera d'une grande valeur pour nos recherches ultérieures. Les pertes furent de :

ALLEMANDS :

Plus de 40 pour 0/0 pour 6 régiments d'infant.
    30 à 40 0/0 — 6   —   2 bataill. de chass.
    20 à 30 0/0 — 16   —   2   —
au-dessous de 20 0/0 — 34   —   5   —
              Total...... 62 régiments d'infant. 9 bataill. de chass.

FRANÇAIS :

Plus de 40 pour 0/0 pour	12 régiments d'infant.	2 bataill. de chass.
30 à 40 0/0 —	12	2 —
20 à 30 0/0 —	23	7 —
au-dessous de 20 0/0 —	16	1 —
Total.......	63 régiments d'infant.	12 bataill. de chass.

Il ressort clairement de ce tableau comparatif que l'armée du Rhin a été, par suite des pertes qu'elle a subies jusqu'au 1er septembre, plus affaiblie que les armées allemandes d'investissement.

Nous donnons plus loin un tableau, en nombres ronds, des pertes des Français dans les trois grandes batailles d'août, sous les murs de Metz et dans la bataille de Noisseville, et nous faisons observer à ce propos qu'un calcul détaillé, tel que nous l'avons fait pour l'infanterie française, n'est pas possible pour les autres armes par suite du manque de renseignements suffisants.

Pour toute une série de régiments de cavalerie et d'artillerie dont les Historiques ont déjà paru, un calcul exact ne présenterait pas de difficultés particulières ; quant aux régiments dont les Historiques n'ont pas été encore publiés et pour lesquels Dick de Lonlay lui-même n'a pu fournir que des indications incomplètes, tout calcul exact de pertes est provisoirement impossible. Nos calculs sont basés sur les Historiques et sur l'ouvrage de Dick de Lonlay : *Français et Allemands*. Chaque fois que nous nous sommes trouvés, pour l'infanterie française, en désaccord avec ces sources de renseignements, nous nous sommes attachés avec soin à motiver cette divergence. Pour la cavalerie et l'infanterie, nous nous sommes bornés,

— 70 —

pour le motif indiqué plus haut, et pour ne pas fatiguer le lecteur, à des indications sommaires des pertes.

Dans la bataille du 14 août, les Français ont éprouvé les pertes suivantes :

	Infanterie.		Cavalerie.		Artillerie.		Autres troupes.	
	Off.	Hom.	Off.	Hom.	Off.	Hom.	Off.	Hom. Nombre rond.
3ᵉ corps........	142	3,135	?	35	?	40	?	10
4ᵉ —	48	805	?	5	?	45	?	5
Garde impériale...	»	3	»	»	»	»	»	»
Garnison de Metz (divis. Leveaucoupet.)	»	»	»	»	?	2	»	»
Totaux.......	190	3,943	?	40	?	87	?	15
	?	40						
	?	87						
	?	15						

Total général.. 200 4,085   Chiffres officiels: 200 offic., 3,408 h.

Pour l'infanterie, nous avons calculé les pertes en officiers d'après les Historiques et l'ouvrage de Dick de Lonlay ; toutefois les états-majors des brigades et des divisions n'y ont pas été compris. Pour les autres armes, nous n'avons pas fait entrer les officiers en ligne de compte, parce que les sources de renseignements sont trop incomplètes. Par contre, nous avons calculé la perte totale en officiers d'après les données officielles françaises de pertes.

Dans la bataille du 16 août, les Français ont éprouvé les pertes suivantes :

	Infanterie.		Cavalerie.		Artillerie.		Autres troupes.	
	Off.	Hom.	Off.	Hom.	Off.	Hom.	Off.	Hom. Nombre rond
2ᵉ corps	173	4,830	16	100	?	170	?	65
3ᵉ —	49	710	2	20	?	45	?	»
4ᵉ —	80	1,730	46	315	?	50	?	»
6ᵉ —	203	5,100	?	?	?	230	?	»
Garde impériale	104	2,030	51	400	?	115	?	»
Division de cavalerie du Barail	»	»	5	50	?	»	?	»
Divion de cavalerie de Forton	»	»	12	120	?	60	?	»
Artillerie de réserve de l'armée	»	»	»	»	?	120	?	»
Escorte du maréchal Bazaine	»	»	3	26	»	»	»	»
Total	609	14,400	135	1,035	?	800	?	»
		135	1,035			(nombre rond).		
		?	800					
		?	65					

Total général..... 837 16,300   Chiffre officiel : 837 offic., 16,122 h.

Pour la cavalerie, nous avons encore cette fois compris les officiers, autant que les renseignements nous l'ont permis, mais nous rappelons expressément la réserve que nous avons déjà faite plus haut. Il n'a pas été tenu compte non plus des états-majors des brigades et des divisions de cavalerie.

Dans la bataille du 18 août, les Français ont éprouvé les pertes suivantes :

	Infanterie.		Cavalerie.		Artillerie.		Autres troupes.	
	Off.	Hom.	Off.	Hom.	Off.	Hom.	Off.	Hom. Nombre rond.
2ᵉ corps	31	815	?	?	?	60	?	80
3ᵉ —	96	2,210	?	?	?	130	?	»
4ᵉ —	246	6,080	?	40	?	250	?	»
6ᵉ —	193	5,290	?	30	?	100	?	»
Garde impériale	?	65	?	?	?	15-20	?	»
Artillerie de réserve de l'armée	?	»	?	?	?	15	?	»
Total	566	14,460	?	80	?	580		
			(nombre rond.)		(nomb. rond.)			
		?	80					
		?	580					
		?	80					

Total général... 595 15,200 (en nomb. rond.) Chiff. off. 595 of. 11,678 h.

Dans la bataille de Noisseville, les pertes des Français se sont élevées à :

	Infanterie.		Cavalerie.		Artillerie.		Autres troupes.	
	Off.	Hom.	Off.	Hom.	Off.	Hom.	Off.	Hom.
2ᵉ corps............	1	130	?	?	?	5	?	?
3ᵉ —	92	2,310	?	20-25	?	30-40	?	?
4ᵉ —	40	1,115	?	?	?	environ 80	?	?
6ᵉ —	18	415	?	?	?	20-25	?	?
Garde impériale......	»	2	?	?	?	»	?	?
Artillerie de réserve de l'armée.........	»	»	?	?	?	5-10	?	?
Artillerie de forteresse	»	»	?	?	?	15-20	?	?
Total.........	151	3,972	?	30-40 (nombre rond.)	?	Environ 200 hom. (nombre rond.)		

Le nombre des pertes en officiers, pour l'infanterie, dépasse déjà seul le chiffre officiel qui est de 145 officiers et 3,397 hommes et qui, indubitablement, est beaucoup trop faible. L'artillerie de forteresse a perdu tous ses servants des trois pièces rayées de 24, par conséquent certainement 15 à 20 hommes. Nous évaluons, en nombre rond, la perte des Français à

160 officiers, 4,250 hommes.

Les pertes de l'artillerie du 3ᵉ corps dépassent certainement 30 à 40 hommes; les indications des Français au sujet des pertes de la cavalerie et de l'artillerie sont tout à fait incomplètes. Par contre, le chiffre officiel de 145 officiers peut être conforme à la vérité parce que les Historiques mentionnent toute contusion légère d'un officier, sans que cet officier ait été, pour cela, mis hors de combat.

III

B) **Explications au sujet de nos évaluations des pertes.**

I. — 2ᵉ Corps français.

Nous avons admis partout comme principe que les Historiques des régiments français avaient été de bonne foi dans l'indication des pertes. Dans les commencements de la guerre, l'arrivée continuelle des réservistes dans les corps de troupe peut avoir rendu difficile, et quelquefois impossible, l'indication exacte des pertes éprouvées, de sorte que, par ce seul fait, des erreurs étaient inévitables. Quelques régiments n'ont pas, paraît-il, compris sous la rubrique « hors de combat » les hommes non blessés faits prisonniers, de sorte qu'il se produit parfois de très grandes différences entre les pertes indiquées et les pertes réelles.

Les indications officielles données par le général Frossard pour les pertes de la bataille de Spicheren sont, pour ces motifs, évidemment trop faibles; au contraire, ses évaluations pour les pertes de la bataille du 16 août ont été faites si largement, qu'elles méritent toute créance. Il n'est pas douteux que les Allemands ont subi à la bataille de Spicheren de plus grandes pertes en morts et en blessés que les Français; par contre, les Français ont eu 1,200 à 1,500 hommes non blessés, faits prisonniers, qui, sans aucun doute, ne sont pas tous compris dans les chiffres du général Frossard. Nous avons, par suite, pour la bataille de

Spicheren, apporté les modifications suivantes aux données françaises sur les pertes :

1. *Au 32ᵉ de ligne.* L'Historique de ce régiment ne donne que 11 officiers, 80 hommes tués et blessés, 9 officiers et 230 hommes disparus, tandis qu'il est mentionné expressément que toute une compagnie, qui, le matin du 6 août, était forte de 145 hommes, a été faite prisonnière en entier, à l'exception de 8 hommes. Nous évaluons donc la perte de ce régiment, y compris les hommes non blessés faits prisonniers, à 450 hommes en nombre rond.

2. *Au 76ᵉ de ligne.* L'Historique ne donne comme perte du régiment à la bataille de Spicheren que 18 officiers et 277 hommes, bien que le régiment ait été fortement engagé et que les trois bataillons aient été repoussés par les Prussiens et aient évidemment perdu beaucoup de prisonniers. Nous évaluons, par suite, la perte du régiment à 18 officiers et 450 hommes.

3. *Pour le 23ᵉ de ligne,* on ne connaît que les pertes d'un bataillon, qui sont de 6 officiers ; nous avons admis comme perte totale du régiment : 6 officiers, 120 hommes.

4. *Au 66ᵉ de ligne.* L'Historique de ce régiment indique, comme perte du 6 août, 13 officiers, 250 hommes ; d'un autre côté, cet historique donne, pour la perte totale du régiment dans toutes les batailles, un chiffre supérieur de 519 hommes au total des listes de pertes séparées. Nous admettons que ces 519 hommes se composaient d'hommes non blessés faits prisonniers, et peut-être aussi d'hommes morts de maladie. Nous évaluons, par suite, la perte du régiment à la bataille de Spicheren à 13 officiers, 400 hommes.

Nous admettons comme exacts tous les autres chiffres des Historiques, après les avoir comparés minutieusement avec ceux de Dick de Lonlay; mais nous devons faire observer que nous arrondissons, en les forçant, les évaluations françaises, chaque fois que les Français ne l'ont pas déjà fait eux-mêmes.

Pour le 16 août, nous avons trouvé, ainsi que nous l'avons déjà dit, dans les chiffres sommaires du général Frossard, une vérification précieuse pour les indications des Historiques. Pour la 1re division du 2e corps, les indications réciproques concordent parfaitement; à la 2e division, nous avons dû faire, pour les régiments nos 66 et 67, des modifications importantes : cependant nous nous trouvons, même dans ce cas, en complète concordance avec les chiffres sommaires du général Frossard.

Pour le 66e de ligne, nous avons, conformément à l'observation ci-dessus, ajouté aux 450 morts et blessés que donne l'Historique, 180 disparus.

Pour le 67e de ligne, nous sommes en situation de pouvoir nous servir d'un état de pertes officiel, de source française, qui est tombé entre les mains des Allemands et qui se trouve aux archives de la guerre tz 49. Cet état porte 25 officiers et 778 hommes comme pertes du 16 août, tandis que l'Historique n'avoue qu'une perte de 23 officiers et 500 hommes et Dick de Lonlay une de 23 officiers et environ 600 hommes.

Pour la brigade Lapasset, les chiffres des Historiques et de Dick de Lonlay coïncident avec les chiffres sommaires de pertes du général Frossard.

Pour le 18 août, nos évaluations de pertes sont d'accord avec celles des Historiques et de Dick de Lonlay;

nous avons seulement, pour le 23ᵉ de ligne, porté les pertes, pour tout le régiment, à 4 officiers et 100 hommes, y compris les disparus, tandis que Dick de Lonlay ne donne pour les pertes du 3ᵉ bataillon que 4 officiers et 68 hommes, tués et blessés, et passe sous silence celles des 1ᵉʳ et 2ᵉ bataillons, bien que ces deux bataillons aient été fortement engagés.

Pour la bataille de Noisseville, il y a parfaite concordance entre les estimations françaises et les nôtres.

II. — 3ᵉ Corps français.

Pour le 14 août, nous avons apporté des modifications aux chiffres de pertes donnés par les Français, pour les corps de troupe suivants :

1. *Au 69ᵉ de ligne.* Dick de Lonlay indique comme pertes pour le 14 août, 2 officiers et 37 hommes tués; 11 officiers et 149 hommes blessés et disparus. Le calcul moyen donne, pour la division Castagny, ce jour-là, une perte de 30 hommes par officier; pour ne pas faire une estimation trop forte, nous n'avons calculé, pour le 69ᵉ de ligne, que 25 hommes par officier, soit 13 officiers et 325 hommes.

2. *Pour le 71ᵉ de ligne,* les pertes d'un seul bataillon sont évaluées à 10 officiers et 292 hommes, tandis que pour les deux autres bataillons, on se borne à dire qu'ils n'ont eu qu'un officier tué, et que, du reste, ils ont peu souffert, parce qu'ils se trouvaient bien en arrière, dans un chemin creux. Nous avons, par suite, calculé comme pertes, 11 officiers et 320 hommes.

Pour le reste, nos estimations pour le 14 août concordent complètement avec celles des Historiques et de Dick de Lonlay.

Pour le 18 août, nous avons apporté les modifications suivantes :

1. *Au 95e de ligne*. L'Historique ne donne comme pertes du régiment que 10 officiers et 152 hommes tués et blessés; nous les estimons à 10 officiers et 200 hommes, y compris les disparus.

2. *Pour le 69e de ligne*, on ne trouve ni dans l'Historique, ni dans Dick de Lonlay, de données sur les pertes dont on puisse se servir; nous les avons évaluées, pour le régiment, à 50 hommes en nombre rond.

3. *Pour le 59e de ligne*, nous avons porté les chiffres français de 14 officiers et 166 hommes tués et blessés à 14 officiers et 180 hommes, y compris les disparus.

Pour tous les autres régiments et bataillons de chasseurs, il y a, sous le rapport des pertes, concordance complète entre les estimations françaises et les nôtres.

Pour la bataille de Noisseville, nous avons apporté les modifications suivantes :

Au 59e de ligne, l'Historique porte 10 officiers et 118 hommes tués et blessés; les disparus manquent. Dick de Lonlay donne 4 officiers et 35 hommes tués, 5 officiers et 85 hommes blessés, mais seulement pour le 31 août et sans les disparus. Nous comptons pour les deux jours de bataille 10 officiers et 200 hommes, y compris les disparus.

Toutes les autres évaluations de pertes concordent avec les données françaises.

Nous avons seulement, comme d'habitude, arrondi les chiffres en les forçant.

III. — 4ᵉ Corps français.

Pour le 14 août, nos chiffres de pertes cadrent complètement avec les données françaises.

Pour le 16 août, nous avons fait les modifications suivantes :

1. *Au 57ᵉ de ligne.* Dick de Lonlay évalue les pertes de ce régiment, le 16 août, à 10 officiers et 97 hommes tués, 13 officiers et 177 hommes blessés et 5 hommes disparus, soit 23 officiers, 279 hommes. Ces chiffres portent manifestement l'empreinte de l'invraisemblance. On doit en général compter pour la division Cissey, le 16 août, une perte de 20 hommes par officier ; le 6ᵉ de ligne seul, qui était en réserve, fait exception. Par suite, nous évaluons les pertes du 57ᵉ de ligne à 23 officiers, et à 450 hommes en nombre rond.

2. *Au 73ᵉ de ligne.* Ici l'Historique évalue les pertes du régiment à 5 officiers et 21 hommes tués, et 15 officiers et 310 hommes blessés ; il n'est pas fait mention des disparus. Dick de Lonlay donne 18 officiers tués et blessés, 347 tués, blessés et disparus. Nous comptons 20 officiers et 400 hommes y compris les disparus.

Nos autres estimations sont d'accord avec les estimations françaises.

Pour le 18 août, nous avons apporté les modifications suivantes :

1. *Pour la division Cissey*, les évaluations de pertes du 20ᵉ bataillon de chasseurs et des 57ᵉ et 73ᵉ de ligne donnent une moyenne de 25 hommes, 5 par officier. Nous portons, par suite, les données des Français,

pour le 1ᵉʳ de ligne, de 23 officiers et près de 400 hommes « hors de combat » à 23 officiers et 575 hommes, et pour le 6ᵉ de ligne de 22 officiers et 266 hommes à 22 officiers et 550 hommes, y compris les disparus, certainement très nombreux.

2. *Au 98ᵉ de ligne*, l'Historique évalue la perte à 19 officiers et 251 hommes tués et blessés; Dick de Lonlay donne, page 428, 4 officiers, 37 hommes tués; 15 officiers, 214 hommes blessés et 30 hommes disparus; et d'autre part, page 480, 17 officiers, et environ 500 hommes « hors de combat ». Prenant la moyenne des deux estimations de Dick de Lonlay, nous comptons 17 officiers et environ 500 hommes.

3. *Au 54ᵉ de ligne*, Dick de Lonlay indique une perte de 25 officiers et 557 hommes « hors de combat ». Aux archives de la guerre, il se trouve un état de 106 disparus du 18 août. Nous calculons les pertes à 25 officiers et 600 hommes.

Tous les autres chiffres concordent avec les données françaises.

Pour la bataille de Noisseville, nous devons signaler les désaccords suivants :

1. *Pour le 1ᵉʳ de ligne*, on ne trouve dans Dick de Lonlay qu'une perte de 10 officiers. Nous avons admis les mêmes pertes en hommes qu'au 6ᵉ de ligne et nous comptons par suite 10 officiers et 250 hommes.

2. *Pour le 57ᵉ de ligne*, Dick de Lonlay ne donne comme pertes que 1 officier, 12 hommes tués, et 17 hommes blessés. Ces chiffres sont très invraisemblables : nous comptons 1 officier et 50 hommes.

Toutes les autres estimations cadrent avec les données françaises.

IV. — 6ᵉ Corps français.

Pour le 16 août, nous avons à faire les observations suivantes :

1. *Pour le 9ᵉ bataillon de chasseurs*, les données françaises évaluent les pertes pour 3 compagnies à 4 officiers et 7 hommes; nous comptons, pour tout le bataillon, 4 officiers et 120 hommes, y compris les disparus.

2. *Pour le 100ᵉ de ligne*, Dick de Lonlay donne pour 2 bataillons seulement une perte de 8 officiers et 84 hommes. Nous comptons par suite, pour tout le régiment, 8 officiers et 120 hommes.

3. *Pour le 9ᵉ de ligne*, Dick de Lonlay donne les chiffres suivants de pertes : 13 officiers, 79 hommes tués, 14 officiers, 138 hommes blessés; soit 27 officiers et 217 hommes. Ces chiffres portent manifestement la marque de l'invraisemblance. Le régiment combattait à côté de la 3ᵉ division du 6ᵉ corps qui a été fortement éprouvée et dans laquelle les pertes ont été en moyenne de 25 hommes pour un officier; il n'y a pas de raison pour que cette proportion ait été si extraordinairement changée au 9ᵉ de ligne qu'il n'y ait eu que 8 hommes pour un officier. Nous comptons donc, pour la perte du régiment le 16 août, 27 officiers et 650 hommes.

4. *Pour la 3ᵉ division du 6ᵉ corps*, nous avons beaucoup forcé, en les arrondissant, les chiffres de pertes français, parce que ce n'est que de cette manière qu'on peut arriver, pour le total des pertes du corps d'armée, aux chiffres très élevés que donent les relations officielles françaises. Nous avons donc augmenté

de la manière suivante les évaluations françaises, en les portant pour le :

```
75ᵉ de ligne de 23 offic.  625 hom.  à 23 offic.  650 hom.
91ᵉ      —       16  —    366  —    à 16  —     380  —
93ᵉ      —       27  —    614  —    à 27  —     650  —
94ᵉ      —       24  —    540  —    à 24  —     570  —
         Total. de 90 of. 2,145 hom. à 90 of. 2,250 hom.
```

5. *Pour la 4ᵉ division du 6ᵉ corps,* nous nous trouvons fortement en désaccord avec les données des Historiques et de Dick de Lonlay. L'Historique du 28ᵉ de ligne évalue les pertes de cette division, le 16 août, à 65 officiers et 1,880 hommes, tandis que l'addition des pertes des 4 régiments d'infanterie, d'après les Historiques et d'après Dick de Lonlay, ne donne que 60 officiers et 1,101 hommes. Pour les états-majors et les deux batteries à cheval de l'artillerie de réserve de l'armée attachées à la division, il ne faut compter qu'une perte de 5 officiers et 30 hommes; la division n'avait pas de troupes du génie. Il reste donc un déficit de 450 hommes en nombre rond; ce sont évidemment des disparus qui, d'après le système des moyennes pour les pertes en officiers et en hommes de troupe, doivent être répartis entre les 4 régiments de la division. D'après le total des pertes, il y a 1,550 hommes pour 60 officiers, environ 25,8 hommes pour un officier. Le 28ᵉ de ligne ne fut que très peu engagé le 16 août, c'est pourquoi nous admettons pour ce régiment des chiffres relativement plus faibles. De cette façon nous obtenons les pertes suivantes pour le

```
25ᵉ de ligne, 21 officiers,  540 hommes.
26ᵉ    —      19    —        520   —
28ᵉ    —       6    —        120   —
70ᵉ    —      14    —        370   —
       Total... 60 officiers, 1,550 hommes.
```

Pour le 18 août, nous ferons les observations suivantes :

1. *Pour le 9ᵉ bataillon de chasseurs*, Dick de Lonlay compte 10 officiers et 156 hommes tués, blessés et disparus ; et l'ouvrage *Les Chasseurs* 8 officiers, 155 hommes tués et blessés, 3 officiers et ? hommes disparus. Nous comptons donc 11 officiers et 200 hommes, y compris les disparus.

2. *Pour le* 10ᵉ *de ligne*, Dick de Lonlay compte 24 officiers tués, blessés, disparus, et 416 hommes « hors de combat ». Nous comptons 24 officiers et 500 hommes, y compris les disparus.

3. *Pour le* 9ᵉ *de ligne*, Dick de Lonlay donne une perte de 10 officiers et 148 hommes tués et blessés, mais ne parle pas des très nombreux disparus. Nous comptons une perte de 10 officiers et 350 hommes, y compris les disparus.

4. *Pour la* 3ᵉ *division*, nous nous trouvons complètement d'accord avec les chiffres de pertes français ; seulement, pour le 91ᵉ de ligne, nous avons porté les pertes de 10 officiers et 114 hommes à 10 officiers et 130 hommes.

5. *Pour la* 4ᵉ *division*, nos chiffres de pertes fortement arrondis cadrent avec les évaluations françaises ; ils concordent aussi avec le total des pertes de la 4ᵉ division le 18 août qui figure dans l'Historique du 28ᵉ de ligne.

Pour la bataille de Noisseville, nous n'avons à signaler que les modifications suivantes :

1. *Pour le* 12ᵉ *de ligne*, l'Historique et Dick de Lonlay sont d'accord pour donner comme pertes 7 officiers et

127 hommes tués et blessés. Nous comptons 7 officiers et 150 hommes, y compris les disparus.

2. *Pour le* 91ᵉ *de ligne,* Dick de Lonlay donne, pour le 2ᵉ bataillon seulement, 2 officiers et 18 hommes tués et blessés, mais dit expressément que le 1ᵉʳ bataillon a conservé pendant plus d'une heure sa position sous « un feu écrasant » sans indiquer les pertes. Nous comptons par suite, 2 officiers et 40 hommes comme pertes. Nos évaluations concordent, du reste, parfaitement avec les données françaises.

V. — La Garde impériale.

Pour le 16 août, nous avons apporté les modifications suivantes :

1. *Pour le 4ᵉ régiment de Voltigeurs,* Dick de Lonlay donne, pour 2 bataillons, une perte de 5 officiers, 152 hommes tués et blessés; les disparus manquent. Nous comptons, pour la perte totale du régiment, 5 officiers et 180 hommes.

2. *Pour le régiment de Zouaves de la garde,* on ne connaît que la perte de 5 officiers pour un bataillon. Nous comptons, comme perte totale du régiment, 5 officiers et 100 hommes.

3. *Pour le 1ᵉʳ régiment de Grenadiers,* Dick de Lonlay évalue les pertes à 3 officiers tués et 11 officiers blessés, bien qu'il ne désigne nominativement que 9 officiers blessés, et à 203 hommes tués et blessés; les disparus manquant également. Nous comptons, pour tout le régiment, une perte de 14 officiers et 280 hommes.

Pour le reste, nous sommes complètement d'accord avec les chiffres de pertes français.

Nous avons été, dans bien des cas, obligés d'établir les pertes des corps de troupe français par voie de comparaison et de combinaison. C'est un moyen peu sûr, mais, par suite du silence très regrettable des relations officielles françaises, il n'y avait pas, dans ces cas-là, d'autre moyen à employer. Nous accueillerons avec le plus grand plaisir les rectifications provenant d'une source autorisée; en attendant, nous espérons être arrivés très près de la vérité, bien que nous n'ayons pu l'établir par des pièces authentiques. Lorsque ces pièces font défaut, l'investigateur le plus zélé est réduit à employer les documents qu'il a sous la main, alors même qu'ils sont très incomplets. Nous en avons tiré le meilleur parti que nous avons su et pu; nous avons motivé chaque fois nos désaccords avec les sources d'informations françaises et nous les avons soumis à l'examen de tout le monde. Nous sommes obligés de nous en contenter jusqu'à la publication d'ouvrages officiels français.

Nous ferons encore une remarque : depuis Napoléon Ier, beaucoup d'ouvrages officiels français ont eu la faiblesse d'évaluer trop bas leurs propres pertes. Napoléon était, on le sait, non seulement un maître sur le champ de bataille, c'était aussi un maître dans l'art de déguiser la vérité. Souvent il y a été conduit par des considérations politiques; le monde ne devait pas connaître exactement la grandeur des pertes françaises, parce que les adversaires de Napoléon y auraient puisé l'espoir de finir par vaincre. Les bulletins mensongers du puissant maître des batailles ont acquis une réputation classique.

Ce qui lui dictait les évaluations menteuses de ses pertes, c'était toujours le désir de maintenir hautement, en toutes circonstances, le prestige de la France. Ces efforts peuvent paraître très compréhensibles tant que durait la guerre, c'est-à-dire, en ce qui concerne Napoléon Ier, jusqu'en 1815 ; mais que l'Histoire ait admis ces chiffres faux, rien ne saurait le justifier, et, en cela, les Français ont eu tort.

Il en est de même en ce qui concerne la guerre de 1870-71. Les Français peuvent aujourd'hui, sans la moindre appréhension, avouer toute la vérité. La grandeur de leurs pertes est, à coup sûr, la preuve la plus éloquente de leur héroïque bravoure. En cherchant à réduire adroitement les pertes éprouvées, on commet la plus grande injustice vis-à-vis de braves soldats.

En général, les Historiques se sont visiblement efforcés de dire la vérité. Malheureusement, il manque encore beaucoup d'Historiques ; du moins, il y en a beaucoup que l'on ne trouve pas dans le commerce ; en outre, dans un grand nombre de ces Historiques, perce cette faiblesse nationale de dissimuler le plus possible le nombre des disparus et des hommes non blessés faits prisonniers. Cela se comprend, mais c'est très regrettable. Espérons donc qu'une relation officielle française fera connaître toute la vérité, sous tous les rapports, ainsi que l'a fait d'une manière classique la relation officielle autrichienne.

IV. — Conduite du maréchal Bazaine depuis le commencement de la guerre jusqu'au 18 août.

François-Achille Bazaine était né à Versailles le 13 février 1811. Son père était officier et avait servi sous l'Empire. Bazaine entra dans l'armée française en 1831, gagna en 1835, en Algérie, la croix de la Légion d'honneur et le grade d'officier, passa en Espagne avec la légion étrangère et prit part à la guerre contre les carlistes. En 1838, il rentra d'Espagne comme capitaine, et se distingua plusieurs fois en Algérie. Il avait été nommé colonel en 1850 et prit part à la campagne de Crimée comme colonel. Pendant la campagne d'Italie de 1859, il commandait une division du 1er corps d'armée, sous les ordres du maréchal Baraguay-d'Hilliers, supporta à Melegnano, le 8 juin, presque tout le poids du combat, et combattit glorieusement à la bataille de Solferino, au centre de la ligne de bataille franco-sarde. En 1862, Bazaine partit pour le Mexique sous les ordres du maréchal Forey, reçut en 1863, après le rappel de Forey, le commandement des troupes françaises et, en 1864, le bâton de maréchal.

A partir de ce moment, l'étoile jusque là très brillante du général commença à pâlir. Des rêves ambitieux et égoïstes agitaient l'âme du nouveau maréchal. Devant lui se dressait l'espoir d'arriver à la régence du Mexique ; il comptait, pour atteindre ce but, sur les relations qu'il avait nouées avec les éléments libéraux du Mexique. Lorsque l'archiduc Maximilien d'Autriche, nommé empereur du Mexique, arriva au Mexique, les menées ambitieuses de Bazaine se troùvèrent contrariées d'une manière fort désagréable pour lui. Bazaine suscita, par suite, au malheureux empereur toute espèce de difficultés et resta inactif lorsque la situation de l'empereur s'aggravait à vue d'œil ; il épousa même une riche mexicaine dont la famille comptait parmi les ennemis les plus déclarés du nouvel empire.

La fin de la tragédie est connue. En mars 1867, le corps expéditionnaire français se rembarqua pour la France, et abandonna Maximilien à son sort, c'est-à-dire à la mort prononcée par un conseil de guerre.

A partir de ce moment, le maréchal Bazaine fut en butte à des reproches de toute nature ; cette affaire n'est pas, encore aujourd'hui, complètement éclaircie, et l'Histoire ne saurait encore prononcer son verdict. Quoi qu'il en soit, la conduite du maréchal Bazaine paraît extrêmement louche, et jette sur son caractère un jour peu favorable, même en reconnaissant que les reproches adressés au maréchal peuvent bien avoir été exagérés par la haine violente de toute la nation française.

Lorsque éclata, en 1870, la guerre contre l'Allemagne, Bazaine fut nommé commandant du 3e corps d'armée, qui se composait de quatre divisions d'infanterie et d'une division de cavalerie. Les maréchaux Mac-Mahon et Canrobert commandaient également un corps d'armée de même force.

Le 5 août, Bazaine reçut le commandement en chef des 2e, 3e et 4e corps, c'est-à-dire de forces qui, déjà à ce moment, avant l'arrivée des réservistes, s'élevaient à plus de 100,000 hommes. La dépêche relative à cette désignation a été, d'après le livre « L'Armée du Rhin depuis le 12 août jusqu'au 29 octobre 1870, par le maréchal Bazaine », expédiée à Metz seulement le 5 août à 3 h. 15 de l'après-midi, mais datée de 12 h. 50 de l'après-midi ; il lui a fallu par conséquent, rien que dans Metz, 2 h. 25 pour être expédiée. Si l'on admet pour sa transmission à Saint-Avold, où se trouvait le maréchal, un retard semblable, le maréchal n'a probablement été informé que vers 6 heures du soir qu'il était nommé directeur supérieur des trois corps d'armée.

Jusque là, Bazaine n'avait eu à s'occuper que de son corps d'armée; maintenant il recevait tout à coup trois corps d'armée, et, en outre, la bataille de Spicheren était livrée dès le lendemain. Le maréchal n'a eu, par suite, que très peu de temps pour se renseigner sur la situation des 2e et 4e corps, et cette circonstance pourrait militer beaucoup en sa faveur.

Maintenant, la situation du 2e corps français était déjà, le 5 août, devenue si dangereuse à Sarrebrück (*Saarbrüken*), que le général Frossard avait fait retirer ce même jour ses troupes sur Forbach, mais continuait à occuper la position de Stiring-Vendel-Spicheren.

Le 3e corps français était complètement éparpillé : 1 division à Sarreguemines (*Saargemünd*), 1 à Puttelange (*Püttlingen*), 1 à Marienthal et 1 à Saint-Avold, par conséquent à deux milles allemands (1) et plus, de distance de Forbach, et plus loin encore de la position Stiring-Spicheren. Il était essentiel de renforcer le 2e corps le 6 août, le plus tôt possible, afin de pouvoir parer à toutes les éventualités sur ce point. Cependant

---

(1) Le mille allemand est, depuis 1872, de 2.500 mètres. (*Note du traducteur.*)

les événements sont souvent plus forts que les hommes.

Le 6 août, au matin, Bazaine reçut une dépêche expédiée de Sarreguemines (*Saargemünd*), l'informant que la division Montaudon, du 3ᵉ corps, qui s'y trouvait, s'attendait à être attaquée dans la matinée du 6 août par des forces soi-disant supérieures. En même temps, des patrouilles allemandes parurent devant Saint-Avold. Le maréchal se porta lui-même aux avant-postes et donna de sa personne contre l'ennemi.

Bientôt après arriva un avis menaçant de la 3ᵉ division du 4ᵉ corps français qui rendait compte de la présence de troupes allemandes à Ham-sous-Varsberg (*Ham-Unter-Vursberg*). Vers 10 h. 6 du matin, le général Frossard rendit compte que de fortes reconnaissances des Allemands s'avançaient sur les hauteurs de Sarrebrück (*Saarbrücken*). Vers 10 h. 40, arrivait une dépêche du général Frossard rendant compte que des troupes allemandes se montraient sur ses derrières vers Rosbrück (*Rossbrücken*) et Merlebach (*Merlenbach*). Là-dessus, Bazaine ordonna à la division Castagny de porter une brigade à Theding (*Thedingen*), et une autre brigade à Farschwiler (*Farschweiler*); et à la division Metman d'occuper, avec une brigade, Beting (*Bettingen*) et Macheren (*Machern*) ainsi que le Mittenberg, près de Saint-Avold, et poussa la brigade de dragons Juniac sur Haut-Hombourg (*Oberhomburg*).

Comme on le voit, le maréchal se trouva, dès le premier jour de l'exercice de son commandement supérieur, dans une position très difficile. Un vrai général en chef aurait triomphé de ces difficultés; mais

Bazaine n'était pas un général en chef ; c'était la fortune qui l'avait porté au rang de maréchal de France. En vingt minutes, il pouvait, par le chemin de fer, se rendre de Saint-Avold à Forbach et, de là, gagner en peu de temps les hauteurs de Spicheren. C'est là qu'était sa place et non pas à Saint-Avold où il lui était impossible d'apprécier exactement la situation.

Vers 1 h. 26, le général Frossard envoya le télégramme suivant :

> Je suis fortement engagé, tant sur la route et dans les bois que sur les hauteurs de Spicheren ; c'est une bataille. Prière de faire marcher rapidement votre division Montaudon vers Grossbliedersdorf et votre brigade de dragons sur Forbach.

Bazaine devait au moins, à ce moment, se rendre à Forbach, mais il resta à Saint-Avold. C'est là, sans aucun doute, une grosse faute, mais en même temps la preuve que Bazaine n'était pas fait pour commander en chef une grande armée.

Ou bien le général Frossard devait recevoir l'ordre de rompre sans retard le combat et de se retirer sur Cadenbronn (*Kadenbronn*), ce qui, en réalité, n'était plus guère possible sans des pertes sérieuses, ou bien Bazaine devait, également sans retard, soutenir le général Frossard avec toutes les forces dont il disposait, et remporter au moins, de cette façon, un succès tactique indubitable.

Bazaine était un caractère indécis ; il ne fit ni l'un ni l'autre ; nous verrons, dans la suite des événements, que toute décision importante lui était extrêmment difficile. La fortune capricieuse l'avait élevé beaucoup plus haut qu'il ne le méritait par son caractère, par ses capacités, son talent et sa valeur ; il comptait sur sa chance et fut abandonné par elle chaque fois qu'il ne la saisit pas aux cheveux, comme savait si bien le faire le maréchal comte de Molkte.

Aux demi-mesures de Bazaine, il faut ajouter les contre-temps qui ne manquent jamais de se produire à la guerre, mais qui était indépendants de la volonté du maréchal.

La division Castagny avait, vers midi, au bruit du canon de Spicheren, marché dans cette direction ; à Gebenhausen, vers 1 heure de l'après-midi, elle reçut l'ordre d'occuper Theding (*Thedingen*) et Farschwiler (*Farschweiler*) et ne se retira sur Puttelange (*Püttlingen*), que lorsque le bruit du canon cessa de se faire entendre, pour reprendre les sacs qui y avaient été laissés et y faire la soupe. La division n'arriva ainsi à Püttelange que vers 6 h. 1/2 du soir ; à ce moment le bruit du canon se fit entendre de nouveau dans la direction de Spicheren, et cette fois très fort. Le général Castagny fit prendre de nouveau les armes à la division et se reporta dans la direction de Forbach, et n'arriva qu'à l'entrée de la nuit à Volklingen (*Folklingen*), distant de Forbach de 6 kilomètres. Là, il apprit la défaite du 2e corps, et se retira en toute hâte sur Püttelange (*Püttlingen*) où la division arriva le 7 août, au point du jour.

Les monographies de l'histoire de la guerre du grand état-major démontrent, dans la livraison n° 9, qu'il aurait été possible aux Français d'arriver sur le champ de bataille du 2e corps français :

Avec la division Montaudon, entre 5 et 6 heures du soir ;

Avec la division Castagny, vers 7 heures du soir;

Avec la division Metman, entre 5 et 6 heures du soir;

Avec la brigade de dragons Juniac, vers 4 heures du soir;

Avec la division Decaën et la réserve d'artillerie, à peu près vers 6 heures du soir.

En réalité, la brigade de dragons Juniac seule, arriva à temps à Forbach vers 2 heures du soir, mais le général Frossard le renvoya à Bening (*Beningen*) parce qu'il ne savait pas où employer les dragons.

La division Metman arriva avec une brigade à Forbach à 7 heures du soir, par conséquent trop tard. Le régiment n° 60 de la division Decaën (plus tard Aymard) fut transporté le soir même à Forbach en chemin de fer; le premier train y arriva vers 8 heures du soir; le 2ᵉ train fut arrêté à Bening (*Beningen*). Toutes les autres troupes du 3ᵉ corps n'arrivèrent pas sur le champ de bataille. Du reste, l'empereur Napoléon, qui était constamment tenu au courant de la marche des événements par le maréchal Bazaine, au moyen du télégraphe, pouvait très bien envoyer de Metz des ordres décisifs, mais ne fit rien. Les généraux de division français pouvaient également, de leur propre initiative, marcher sur Forbach; cependant le général Castagny seul a pris une décision aussi énergique, mais sans cependant l'exécuter jusqu'au bout.

Il n'est pas douteux que Bazaine a prouvé clairement le 6 août qu'il n'était pas capable d'être commandant en chef d'une grande armée; mais il faut bien dire qu'il n'a trouvé d'aide nulle part ni en haut ni en bas. Au contraire! Les généraux français ont fait preuve partout, le 6 août, de manque de décision.

Par conséquent, si, en France, on voulait imputer au maréchal Bazaine seul la perte de la bataille de Spicheren, on commettrait une grande injustice; ce n'est pas le maréchal Bazaine qui est cause de la perte de la bataille de Spicheren, mais bien le système français, ce système dans lequel tous les généraux français avaient grandi, et dont seuls quelques hommes éminents surent se dégager.

Un Chanzy, un Faidherbe aurait le 6 août appuyé le général avec des forces très nombreuses et remporté une grande victoire, mais Bazaine n'atteignait pas à beaucoup près à la grandeur d'esprit de ces deux généraux français. Nous trouvons dans les événements du 6 août une preuve de l'incapacité de la plupart des généraux français; mais de là à ce reproche, qui a été adressé au maréchal Bazaine, d'avoir, avec intention « laissé en plan » le général Frossard, il y a loin; nous ne pouvons rien trouver qui le prouve positivement.

Il est seulement certain que, le 6 août, le maréchal Bazaine pouvait soutenir à temps le corps du général Frossard avec des forces très puissantes, écraser les Allemands et les rejeter au delà de la Sarre. Les Allemands auraient reçu là un coup très fort, sans compter les pertes qui, dans ces conditions, auraient été inévitables pour eux.

L'effet foudroyant produit par la défaite de Wœrth aurait été beaucoup affaibli par la victoire remportée à Sarrebrück (*Saarbrücken*) le même jour; l'opinion publique en France se serait un peu calmée, et d'autant plus, qu'on n'aurait pas manqué de publier sur tous les tons et avec une exagération patriotique la victoire de Sarrebrück.

Tout le cours de la guerre aurait peut-être pris une autre tournure; néanmoins, même dans ce cas, la supériorité de la conduite de la guerre du côté des Allemands, jointe à la supériorité numérique de leurs forces, aurait infailliblement amené le triomphe final des armées allemandes.

Nous pouvons passer, sans nous arrêter, les événements jusqu'au 12 août. Ce jour-là, Bazaine reçut le commandement en chef de l'armée française du Rhin, et le général Jarras lui fut donné comme chef d'état-major. Lorsque le général Jarras apprit vers 3 heures du soir sa nomination, il protesta, mais se décida néanmoins, vaincu par les éloges qui lui furent prodigués, à accepter ses nouvelles fonctions. Jusque là, le général Jarras avait été deuxième aide-major général de l'armée du Rhin et avait eu pour chefs le major général maréchal Lebœuf et le premier aide-major général général Lebrun. Les fonctions avaient été réparties de telle façon que c'était, en réalité, l'empereur Napoléon, conseillé par le maréchal Lebœuf, qui commandait l'armée du Rhin; le général Lebrun était, pour ainsi dire, le représentant du maréchal Lebœuf, l'accompagnait régulièrement lorsqu'il allait chez l'Empereur et donnait ensuite connaissance au général Jarras des décisions prises; sur quoi, ce dernier traduisait ces décisions sous forme d'ordres.

Le général Jarras n'avait eu, par suite, que rarement connaissance des discussions dont ces décisions étaient le résultat, et n'était que très peu initié aux projets de la Direction de l'armée. Maintenant il lui fallait devenir tout à coup chef d'état-major, remplir, par conséquent, les fonctions dont avait été investi le maréchal Lebœuf, sans connaître à fond toutes les affaires courantes. Ainsi, par exemple, il n'avait appris que par l'écho de la rumeur publique la chevauchée du général Margueritte à Pont-à-Mousson, le 12 août; il avait bien connaissance des fréquentes conférences des commandants en chef de l'artillerie et du génie avec l'Empereur et le maréchal Lebœuf, mais ne savait pas de quoi il avait été question dans ces conférences.

En outre, le maréchal Bazaine ne désirait nullement avoir le général Jarras pour chef d'état-major, et il le tint, dès le premier jour, complètement à l'écart de ses projets personnels. Le premier acte du maréchal Bazaine fut tout à fait étrange. Jarras lui demanda par écrit s'il devait aller le trouver à Borny ou bien si le maréchal préférait venir à Metz, où se trouvait le grand quartier général de l'armée. Bazaine lui fit répondre verbalement que le général Jarras devait rester à Metz. Le 13 août, Bazaine se rendit auprès de l'Empereur à la préfecture de Metz, mais il ne fit pas appeler le général Jarras. Ce n'est que par hasard que Jarras apprit la présence du maréchal; il se hâta de se rendre près de lui, mais le trouva déjà en voiture, et apprit de la bouche de Bazaine qu'il n'avait *pas d'ordres* à lui donner. Et c'était la veille du grand mouvement de retraite de l'armée du Rhin !

C'est seulement dans la soirée du 13 août qu'un officier apporta une communication du maréchal, renfermant les ordres que le général Jarras devait transmettre aux commandants en chef de l'artillerie et du génie, à l'intendant général de l'armée et au 6e corps, pour l'exécution de la retraite, bien que cette retraite dût, on le sait, commencer le 14 août au matin. En même temps, le général Jarras apprit que Bazaine avait donné lui-même à la garde impériale et aux 2e, 3e et 4e corps, les ordres nécessaires.

Ainsi, la veille d'une opération décisive, le chef d'état-major n'avait aucune notion des intentions du général en chef; il ne connaissait ni ses plans, ni les objectifs de marche, ni les routes que quatre corps d'armée devaient prendre le lendemain ! Il ne pouvait tirer de la communication écrite qui lui fut envoyée qu'une seule conclusion, c'est qu'il se produirait forcément de grands retards dans la marche, si toute l'armée du Rhin suivait la même grande route sur le parcours Longeville-Moulins-Gravelotte.

Cependant, le général Jarras n'osa pas faire des représentations au maréchal ni se permettre, de sa propre initiative, des modifications quelconques. Du reste, le maréchal lui avait donné l'ordre de ne se rendre auprès de lui qu'au moment de la traversée de la ville.

On est stupéfait quand on apprend des choses pareilles; cependant, ce n'est rien moins que le général Jarras lui-même qui les a divulguées : l'exactitude des assertions de ce général éminent ne saurait être mise en doute.

La retraite commença le 14 août. Déjà le 2e corps eut de grandes difficultés à surmonter; Longeville et Moulins étaient encombrés de trains, de voitures à bagages et de troupes; la brigade Lapasset n'arriva à son bivouac qu'à 11 heures du soir. La division de cavalerie Valabrègue dut revenir traverser Metz, et mit toute la nuit à s'écouler, de sorte qu'elle ne put rejoindre que dans la matinée du 15 août la tête des colonnes de marche. Et cependant c'était le 2ᵉ corps qui était le plus en avant ; on peut, par conséquent, se faire facilement une idée de ce qui a dû arriver pour les autres corps.

Lorsque, dans l'après-midi du 14 août, le bruit du canon se fit entendre de Bellecroix-Colombey, le général Jarras monta à cheval avec les officiers de son état-major et se rendit sur le champ de bataille près du maréchal Bazaine. La bataille ne finit qu'à la nuit noire. Bazaine ordonna à la garde impériale et aux 3ᵉ et 4ᵉ corps, de commencer aussitôt le mouvement de retraite, de marcher toute la nuit, et d'atteindre, dans la matinée du 15 août, les points qu'ils auraient dû, en réalité, atteindre le 14 août au soir. Là-dessus, Bazaine se rendit à Moulins, où il établit son quartier général.

Ce n'est qu'avec la plus grande peine que le maréchal et son état-major purent se frayer un passage à travers la ville de Metz, parce que les rues étroites de la ville étaient encombrées de voitures remplies de blessés, de voitures de munitions, d'ambulances, de voitures du Trésor, de voitures à bagages et de voitures du train.

Les ordres du maréchal ne furent exécutés que par la garde impériale ; ni le 3ᵉ, ni le 4ᵉ corps ne purent atteindre, le 15 août au matin, les objectifs de marche qui leur avaient été fixés. Le général Jarras dut, le 15 août au matin, forcer le valet de chambre du maréchal à l'introduire dans la chambre à coucher du général en chef qu'il trouva encore au lit, et obtint qu'au moins de nouveaux ordres fussent immédiatement expédiés. Il fut prescrit aux 3ᵉ et 4ᵉ corps de se porter, en suivant les chemins de traverse, par Plappeville, Châtel-Saint-Germain et par Lorry sur Amanvilliers (*Amanweiler*); il fut en outre ordonné de faire marcher les troupes, autant que possible, en colonne par peloton et en réduisant le plus possible les distances; enfin, elles ne devaient conserver avec elles que les voitures les plus indispensables; les autres voitures, d'ailleurs très nombreuses, devraient former des convois séparés. Par suite de ces mesures, la grande route jusqu'à Gravelotte fut considérablement déchargée, et les 3e et 4e corps purent arriver à temps pour la bataille du 16 août.

Le général Jarras fut cependant surpris lorsque le maréchal défendit à ces deux corps de se servir de la grande route de Briey, par laquelle ils auraient pu atteindre Verdun sans obstacle. Une observation respectueuse du chef d'état-major pour marquer son étonnement n'eut aucun succès près du maréchal.

En réalité, les trains français de l'artillerie et de l'administration se conformèrent seuls aux ordres donnés, tandis que les autres colonnes de voitures, composées en majeure partie de voitures de réquisition, ne tinrent aucun compte de ces ordres, et, au contraire, s'intercalèrent, comme bon leur semblait, dans les colonnes de marche, partout où elles en trouvaient la possibilité. Il en résulta un encombrement effroyable de la route de marche qui fut cause que les troupes ne purent s'avancer que lentement.

Les 2e et 6e corps atteignirent, le 15 août, sans de trop grands retards, les objectifs de marche qui leur avaient été fixés; le 2e corps arriva entre 9 et 10 heures du matin près de Rezonville et campa au sud de la grande route; le 6e corps atteignit Rezonville dans l'après-midi et campa au nord de la grande route. La garde n'arriva à Gravelotte que dans la soirée du 15 août, bien qu'elle n'ait eu que 15^{km}5 à parcourir. Le 3e corps s'était avancé par Plappeville, Lessy et Châtel-Saint-Germain, mais ne put pousser le 15 août qu'une seule division jusqu'à Saint-Marcel; deux autres divisions suivirent pendant la nuit; mais la division Metman resta provisoirement à Maison-de-Planches, près de la Moselle.

Le général Ladmirault fit prendre de sa propre initiative, à ses première et deuxième divisions, la route de Briey et ordonna à la division Lorencez de s'engager sur la route de Lessy; néanmoins les deux premières divisions du 4e corps n'atteignirent que le 15 août le Sansonnet, et la division Lorencez, Lessy.

Si les deux premières divisions du général Ladmirault ne s'étaient pas avancées le 16 août par Sainte-Marie-aux-Chênes, elles n'auraient pu que difficilement prendre à la bataille du 16 août une part aussi glorieuse qu'elles l'ont fait réellement.

On doit donc dire que le mouvement de retraite de l'armée du Rhin, le 14 et le 15 août, a été réglé par le maréchal Bazaine d'une manière aussi peu rationnelle que possible et que même les résultats très médiocres qui ont été obtenus, n'ont été possibles que parce que les commandants du 3e et surtout du 4e corps ont agi de leur propre initiative. On ne peut guère concilier cela avec les assertions du général Jarras; en tout cas, d'après Jarras, les routes d'Amanvilliers auraient été assignées aux 3e et 4e corps.

On doit encore faire remarquer que les ponts sur la

Moselle, d'Ars, de Novéant et de Pont-à-Mousson n'avaient pas été détruits par les Français, bien que le pont suspendu de Novéant eût pu l'être en quelques minutes ; que les moyens eussent été préparés pour la rupture des ponts d'Ars et de Pont-à-Mousson, ainsi que des ponts de Magny et de Marly sur la Seille, et bien que, dans la matinée du 13 août, les habitants d'Ars et de Novéant eussent d'eux-mêmes demandé la permission de détruire les ponts. A deux dépêches des habitants, il fut répondu « Attendez »; une troisième dépêche resta sans réponse. Ces faits constituent une charge grave contre le maréchal Bazaine ; personne ne saurait le nier.

Il nous faut maintenant revenir un peu en arrière, afin de reprendre certaines choses dont nous n'avons pas parlé, pour ne pas interrompre le cours de la narration. Le maréchal Bazaine voulait prendre, le 13 août, l'offensive contre les Allemands ; mais l'Empereur n'y consentit pas, car il écrivit le 12 août même au maréchal dans un sens opposé. Cependant Bazaine représenta encore une fois à l'Empereur qu'il serait convenable d'attendre l'ennemi en position à l'est de Metz ou même de l'attaquer. Là-dessus, l'Empereur envoya à 11 heures du soir au maréchal une dépêche de l'Impératrice envoyée de Paris, d'après laquelle les Allemands auraient déjà franchi la Moselle au nord et au sud de Metz ; c'est seulement alors que Bazaine renonça à son projet, et se décida à ordonner la retraite pour le 14.

Un critique impartial sera obligé de reconnaître que le plan du maréchal Bazaine ne doit pas être condamné sans autre forme de procès. Une bataille défensive sur la ligne Villers-l'Orme-Mey-Bellecroix-Colombey-

Mercy-le-Haut avait bien des chances de succès ; en cas d'échec, la forteresse et ses forts couvraient la retraite de l'armée du Rhin.

Un mouvement offensif de l'armée du Rhin contre le flanc de la deuxième armée allemande en marche sur Pont-à-Mousson, présentait également bien des avantages ; si ce mouvement ne réussissait pas, la forteresse couvrait également la retraite. Mais, dans les deux cas, l'armée française aurait probablement pu exécuter sa retraite sur Verdun plus facilement que cela n'a eu lieu dans la réalité ; car, dans ces deux cas, le gros des armées allemandes aurait été attiré contre le front Est de Metz, et, même dans le cas le plus favorable, de faibles détachements allemands pouvaient seuls inquiéter la retraite sur Verdun, ainsi que cela ressort clairement des distances à parcourir.

Ceci est à la décharge du maréchal Bazaine, qui, dans cette circonstance, fut forcé d'agir à l'encontre de sa manière de voir, qui était plus juste.

Nous revenons à la bataille de Colombey-Nouilly. On a reproché au maréchal de n'avoir pas profité le 14 août de sa grande supériorité numérique pour infliger aux Allemands une défaite complète. Il n'est pas douteux qu'avec le 3e corps et la garde impériale, il était en état de rejeter les Allemands au delà du ravin de Vallières et de leur infliger des pertes très sérieuses ; mais il ne pouvait pas faire plus.

S'il poussait ce succès, qu'aucun critique, jugeant d'une manière objective et avec impartialité, ne saurait considérer comme impossible, jusqu'à prendre l'offensive contre les hauteurs au delà du ravin de Vallières, il refoulait les Allemands sur leurs renforts qui approchaient, et s'exposait, en outre, à une attaque de flanc du IX⁰ Corps d'armée prussien, attaque qui, dans ces conditions, aurait été certainement très efficace, tandis qu'au nord le 4⁰ Corps français pouvait difficilement agir autrement qu'il ne l'a fait dans la réalité.

Reste donc le reproche de ne pas avoir profité de sa supériorité numérique pour rejeter les Allemands dans le ravin de Vallières, ce qu'il pouvait évidemment faire. On peut d'autant moins disculper le maréchal de ce reproche, que cette manière d'agir n'aurait pas retardé sensiblement le mouvement de retraite. Il ne s'agissait que d'un retour offensif, à très courte distance, et la garde impériale pouvait, à elle seule, repousser l'attaque de flanc du IX⁰ Corps d'armée prussien, ce qui n'aurait guère été possible si Bazaine avait poussé son retour offensif jusqu'à quelques kilomètres au delà du ravin de Vallières.

Un vrai général en chef aurait profité de cette occasion favorable, mais Bazaine n'était pas un général en chef. Des idées de trahison n'ont certainement pas agi sur lui pendant la bataille du 14 août; nous trouvons plutôt dans sa conduite une nouvelle preuve de l'indécision de son caractère. Il pouvait, sans le moindre danger, commencer sa retraite; l'avant-garde isolée de la 13⁰ division d'infanterie aurait été tenue en échec par une seule division d'infanterie française. Mais le bruit du canon excitait la valeur bien connue du maréchal : il accepta la bataille sans s'élever jusqu'à la résolution virile de profiter d'une situation extraordinairement favorable, aussi largement qu'il pourrait le faire sans danger pour ses plans ultérieurs.

Nous croyons donc reconnaître ici une nouvelle

preuve de l'incapacité de Bazaine comme général en chef, mais nullement des idées de trahison. On ne doit d'ailleurs pas oublier qu'au début de la bataille de Colombey-Nouilly, les 2ᵉ et 6ᵉ corps étaient, depuis longtemps déjà, en pleine retraite, et ne pouvaient, par suite, intervenir dans le combat. La bataille défensive que désirait Bazaine se présentait donc d'elle-même, mais en tout cas dans de tout autres conditions que l'avait souhaité le maréchal.

Personnellement, le maréchal s'est exposé le 14 août sans ménagements ; il fut même légèrement blessé.

Nous revenons maintenant au 15 août. Vers midi, un aide de camp du général Ladmirault arriva à Moulins, et demanda de vouloir bien autoriser le 4ᵉ corps à se servir de la route de Briey. Le maréchal refusa cette demande, et indiqua de nouveau, comme ligne de marche pour le 4ᵉ corps, les chemins de Plappeville à Chatel-Saint-Germain, et de Lorry à Amanvilliers (*Amanweiler*).

Vers 3 heures de l'après-midi, Bazaine quitta son quartier général de Moulins, pour se rendre à Gravelotte. Il remarqua, même avant de monter à cheval, que la garde impériale ne marchait pas par pelotons, mais bien par le flanc sur deux rangs, un rang sur chaque côté de la route ; en outre, les colonnes de marche de la garde étaient, de distance en distance, coupées par des colonnes de voitures qui n'avaient aucune direction et ne savaient même pas jusqu'où elles devaient aller.

En conséquence, le maréchal résolut de licencier le *convoi auxiliaire*, c'est-à-dire les voitures de réquisition. Vers 5 heures du soir, Bazaine arriva à Gravelotte où l'Empereur se trouvait déjà. Il choisit pour son logement une maison dans le voisinage du quartier impérial, et le général Jarras installa le quartier général dans le voisinage de cette maison. Une heure plus tard, Jarras voulut aller voir le maréchal, pour prendre ses ordres; mais il ne trouva dans la maison qu'avait choisie Bazaine ni le maréchal lui-même, ni aucun des officiers de son entourage. Ce n'est que par hasard que le général Jarras apprit que le maréchal était allé depuis se loger dans la maison de poste de Gravelotte, c'est-à-dire à 800 mètres à l'ouest de Gravelotte, sur la grande route de Rezonville. Aussitôt le chef d'état-major prit ses dispositions pour loger le grand état-major le plus près possible de la maison de poste, mais Bazaine le défendit et laissa le grand état-major à Gravelotte, par conséquent loin de lui.

En comparant cette conduite étrange au plus haut point, avec la manière si régulière dont tout se passait au grand quartier général de notre vieil et héroïque empereur, un officier allemand ne pourra s'empêcher de secouer gravement la tête.

On savait à l'état-major français que le général Forton s'était heurté le 15 août, près de Mars-la-Tour, contre des masses de cavalerie allemande, et s'était replié sur Vionville. Mais le général Jarras établit, avec pièces à l'appui, que l'affirmation du général Frossard devant le conseil de guerre de Trianon qu'il avait signalé au maréchal Bazaine, le 16 août, dès le matin, la présence de 20,000 à 25,000 hommes de troupes allemandes sur la rive gauche de la Moselle, dans Gorze et près de Gorze, n'est pas conforme à la vérité. Le général Frossard n'a signalé au maréchal Bazaine que

4,000 hommes de troupes allemandes et sans artillerie, comme se trouvant dans Gorze.

Comme le 15 août au soir, le 3e corps français n'avait atteint Saint-Marcel qu'avec une seule division d'infanterie, que deux autres divisions d'infanterie de ce corps n'y étaient arrivées que le 16 août au matin, et que la division Metman se trouvait encore le 16 au matin à Maison-de-Planches, tandis que le 4e corps n'arrivait que le 16 août vers midi 1/2 avec ses têtes de colonne à Doncourt, les autres corps de l'armée du Rhin reçurent l'ordre de se tenir provisoirement prêts à reprendre la marche.

On avait primitivement espéré que le 3e corps pourrait atteindre dans la nuit Saint-Marcel-Verneville, et le 4e corps Doncourt ; mais lorsqu'on reconnut que cet espoir ne pouvait se réaliser, les autres corps de l'armée du Rhin durent attendre que les 3e et 4e corps qui se trouvaient en arrière, fussent arrivés à leur hauteur, si on ne se décidait pas à laisser les 3e et 4e corps disposer de la route de Briey, ce que ne fit pas Bazaine, comme on le sait.

Le 16 août, vers 3 heures du matin, l'empereur Napoléon partit en voiture, escorté jusqu'à Jarny par les lanciers de la garde et les dragons de l'Impératrice, et jusqu'à Verdun par une brigade de chasseurs d'Afrique. L'Empereur s'éloignait ainsi de l'armée et il faut avouer que c'était un bonheur pour l'armée du Rhin, car la présence de l'Empereur, qui n'avait pas le courage d'imposer sa volonté à son armée, n'était que gênante et nullement propre à exalter l'esprit du soldat, comme le faisait pour les armées allemandes la présence du roi Guillaume, le Victorieux.

Le 16 août au matin, le maréchal Bazaine constata que l'armée du Rhin n'était nullement concentrée, et prescrivit que les corps qui se trouvaient sur place attendraient le retour des reconnaissances et ensuite dresseraient les tentes. Mais personne ne devait s'éloigner du camp et on ne devait envoyer à l'eau que des détachements. Dès que les 3e et 4e corps se trouveraient à hauteur des autres corps d'armée, par conséquent vraisemblablement vers midi, on se remettrait en marche.

Les nombreux ennemis du maréchal Bazaine ont conclu de cet ordre qu'il ne voulait pas reprendre la marche. Cela ne paraît pas ressortir avec évidence de l'ordre cité plus haut. Si les comptes rendus qui étaient parvenus jusqu'alors au maréchal étaient exacts, il ne devait y avoir à Gorze que de faibles détachements allemands sans artillerie, et à Mars-la-Tour, qu'une division de cavalerie. Si, dans le courant de la matinée, il arrivait des renforts allemands peu importants, l'armée du Rhin pouvait de toute façon forcer le passage.

Même l'arrivée de renforts importants du côté des Allemands ne pouvait qu'être une bonne fortune pour les Français. Les Allemands ne pouvaient, en aucune façon, apparaître assez en forces sur la rive gauche de la Moselle pour être en état, si la direction de l'armée du côté des Français était habile, de leur infliger une défaite. Si la direction de l'armée chez les Français était à hauteur de sa tâche, l'armée du Rhin devait remporter le 16 août une victoire éclatante.

Nous arrivons ainsi à la bataille de Mars-la-Tour-Vionville. Nous n'avons pas l'intention d'entrer dans les détails de cette bataille. Le maréchal s'exposa personnellement, comme le 14 août, aux plus grands dangers, et faillit tomber entre les mains des hussards n° 11 et n° 17. Il n'a jamais manqué de courage, le général Jarras l'atteste formellement.

Par contre, la direction de la bataille, de la part du maréchal, se montre sous le jour le plus triste. Dès le premier coup de canon, Bazaine disposait des 2e et 6e corps de la garde impériale, de la division de cavalerie de Forton et d'une grande partie du 3e corps, tandis que, jusqu'ici, il n'y avait de disponible, du côté des Allemands, que le IIIe corps d'armée, la 37e brigade d'infanterie du Xe corps d'armée, les 5e et 6e divisions de cavalerie et la brigade de dragons de la garde.

Dans le courant de la bataille, l'armée du Rhin tout entière fut présente sur le champ de bataille; seules, les divisions Metman du 3e corps et Lorencez du 4e corps arrivèrent trop tard pour pouvoir prendre part au combat. Du côté des Allemands, les forces disponibles ne furent renforcées que par le reste du Xe corps d'armée, moins cependant 2 bataillons 1/2, détachés, et un peu plus tard par une brigade du VIIIe corps d'armée et une du Xe corps d'armée.

Il n'est pas douteux que le maréchal a eu, depuis le commencement de la bataille jusqu'à la fin, une supériorité numérique écrasante qui, à l'issue de la bataille, se représente, d'après la livraison n° 11 des monographies de « l'Histoire militaire du grand état-major », de la manière suivante :

Forces des :

Allemands.	60 1/2	bataillons	84	escadrons,	38	batteries
Français...	160 1/2	—	122	—	84	—

C'est à tort que les monographies de l'Histoire militaire ont compté 123 escadrons; les régiments de chasseurs d'Afrique ne comptaient, comme il est facile de le prouver, que 4 escadrons. De là, cette petite différence.

Bazaine n'a tiré de cette énorme supériorité qu'un parti extrêmement médiocre. Ainsi que cela ressort des chiffres de pertes que nous avons donnés, les divisions françaises Castagny et Aymard, ainsi que la 1re brigade de la division Montaudon du 3e corps, la 2e brigade de la division Grenier du 4e corps et des fractions de la garde impériale, comme par exemple les 1er et 3e régiments de voltigeurs et un bataillon de zouaves de la garde, n'ont été que très peu engagés; en outre, quelques fractions des divisions qui ont été elles-mêmes fortement engagées n'ont subi que des pertes insignifiantes, par exemple, les 6e et 12e de ligne et le 5e bataillon de chasseurs.

Cela veut dire en bon allemand que, indépendamment des 26 bataillons des divisions Metman et Lorencez qui étaient arrivées trop tard, le maréchal Bazaine n'a pas conservé en réserve moins de 53 bataillons. Il n'est pas douteux que Bazaine pouvait remporter le 16 août un grand succès tactique; il y a plus, *qu'il le devait,* s'il avait engagé à fond et dirigé avec habileté les forces dont il disposait.

Malgré la bravoure la plus héroïque, les Allemands ne pouvaient pas remporter le 16 août une victoire complète; ils n'y réussirent pas, quoique le général en chef ennemi se fût tenu sur la réserve. C'était d'ailleurs impossible à cause de la disproportion des forces. Mais il est certain que l'issue de la bataille est due uniquement à l'habileté des généraux allemands et à l'incomparable bravoure de leurs troupes et, en première ligne au général Constantin de Alvensleben et au prince Frédéric-Charles.

On peut se demander quels résultats les Français auraient obtenus si, au lieu du maréchal Bazaine, qui n'était pas fait pour commander en chef, ils avaient eu un vrai général d'armée. Personne ne pourra contester que, dans ces conditions, le 16 août aurait fini par une victoire complète des armes françaises. Néanmoins, dès le lendemain, de très importantes forces allemandes, toutes fraîches, auraient beaucoup diminué chez les Français la joie de la victoire.

Si donc les Français ne réussissaient pas à infliger, le 16 août, aux Allemands, une défaite écrasante, comme l'aurait fait très probablement Napoléon Ier, mais n'obtenaient qu'un succès tactique, les Allemands battus se seraient repliés sur leurs renforts qui approchaient, et auraient été, dès le 17 août, recueillis par eux. De plus, ces renforts auraient eu l'avantage d'avoir à exécuter des marches plus courtes que celles qu'ils eurent à exécuter dans la réalité.

Enfin, il ne faut pas oublier que les divisions Nayral (précédemment Castagny) et Aymard, du 3e corps français, ne se déployèrent qu'entre 2 et 3 heures de l'après-midi à la droite du 6e corps; que la division Grenier, du 4e corps, arriva encore plus tard, et que même la division Cissey n'arriva que vers 5 heures du soir. Il faut donc se garder de se faire une idée exagérée de la grandeur du succès que pouvait obtenir l'armée du Rhin.

Quoi qu'il en soit, même dans le cas d'une grande

victoire, les Français se seraient trouvés très en désordre, et n'auraient certainement pas été en état de marcher, dès le 17 août au matin, contre les renforts allemands qui s'avançaient pendant ce temps-là. Mais si les Français restaient le 17 août sur la ligne Mars-la-Tour-Vionville-Rezonville, ou plus au sud, pour y recevoir une seconde bataille, ils auraient livré cette seconde bataille dans des conditions bien moins favorables qu'ils ne le firent en réalité le 18 août sur la ligne Saint-Privat-Amanvilliers-Point-du-Jour.

Si, dans ces circonstances, on veut juger un général en chef avec les mêmes règles qu'un Napoléon, un Frédéric, un Moltke, on commet tout d'abord une injustice. Toute l'histoire militaire française ne peut citer qu'un Napoléon; l'histoire militaire prusso-allemande, un Frédéric et un Moltke.

En tout cas, ce qu'il y a de certain, c'est que le maréchal Bazaine pouvait, le 16 août, remporter une victoire tactique et qu'il ne l'a pas fait. Ici encore, l'incapacité du maréchal comme général en chef nous semble sauter aux yeux; il est possible qu'il ait conçu dans son for intérieur des plans égoïstes, mais il nous paraît difficile de le conclure de sa conduite le 16 août; autrement il ne se serait pas exposé, comme il l'a fait, au danger de tomber entre les mains des Allemands.

La bataille du 16 août doit compter parmi les batailles indécises. Les Allemands avaient gagné du terrain à l'aile droite; à l'aile gauche, leur cavalerie avait remporté une victoire indiscutable; par contre, la 38e brigade d'infanterie avait été presque anéantie. Les deux adversaires passèrent la nuit sur le champ de bataille; tous deux bivouaquèrent tout contre les morts de l'ennemi. En tout cas, il arriva dès le 17 août, du côté des Allemands, des renforts de troupes fraîches incomparablement plus forts que du côté des Français. La manière dont se passerait le 17 août déciderait donc quel avait été, le 16 août, le vainqueur au point de vue stratégique. Au point de vue tactique, ni les Allemands ni les Français n'avaient été victorieux.

Quant à la conduite des Français pendant la bataille du 16 août, toutes les troupes de l'armée du Rhin avaient combattu avec la bravoure la plus éclatante : mais la discipline du combat paraît avoir laissé beaucoup à désirer de leur côté. Lorsque, vers 10 heures du soir, le maréchal Bazaine regagna Gravelotte, lui et son état-major rencontrèrent des bandes de soldats qui n'étaient pas blessés, mais qui, cependant, se portaient en foule en arrière de l'armée pour aller se reposer loin de tout danger. Devant Gravelotte, cette masse de « débandés » était si compacte que le maréchal dut se faire frayer un passage par son escorte de cavalerie. Le général Jarras assure que dans aucune campagne antérieure il n'avait vu pareille chose. Une partie de ces hommes débandés se porta, sans pouvoir être arrêtée, dans la direction de Metz; mais la plus grande partie campèrent dans Gravelotte ou dans les environs du village, serrés les uns contre les autres. Le lendemain ils attendirent tranquillement le passage de leurs régiments et rentrèrent à leurs compagnies comme si de rien n'était.

On a fortement reproché au maréchal Bazaine d'avoir surtout porté son attention du côté de son aile gauche et d'y avoir entassé ses réserves. Il est clair que c'était l'aile droite des Français qui était l'aile décisive et que c'est là que devait se produire, avec des masses, une offensive bien réglée. Le mieux eût été que le maréchal dirigeât lui-même ce mouvement offensif. Mais les efforts qu'il a faits pour conserver sa ligne de retraite sur Metz nous paraissent parfaitement justifiés. Dans le courant de la bataille, les Allemands avaient déployé des forces si nombreuses que l'armée du Rhin ne pouvait plus penser à se retirer par les routes de Mars-la-Tour et de Doncourt. Si la retraite du Rhin était encore possible, elle devait se faire par la route de Briey ; or Bazaine l'avait, on le sait, défendue à ses troupes.

Cette défense jette un jour singulier sur la conduite du maréchal; il n'y a aucun doute à cet égard. Mais pour qui connaît les difficultés de la marche d'une armée qui comptait encore plus de 160,000 hommes, y compris les officiers, les énormes longueurs de marche de pareilles masses, et les dangers auxquels une colonne si considérable est exposée sur ses flancs, il n'est guère douteux que la retraite de l'armée du Rhin tout entière n'était déjà plus possible le 17 août.

On ne doit pas oublier dans cette discussion que les corps d'armée français s'étaient, dans le courant de la bataille, fort enchevêtrés les uns dans les autres et que, par conséquent, il fallait absolument commencer par y rétablir l'ordre, ce qui, dans tous les cas, ne pouvait se faire que dans la matinée du 17 août, la bataille ayant duré jusque dans la nuit. Le 3e corps, par exemple, était complètement éparpillé; non seulement les divisions, mais même jusqu'aux bataillons. Dick de Lonlay et les Historiques donnent des renseignements détaillés à ce sujet Il en était de même au 6° corps et dans la garde impériale.

L'armée française n'était donc pas le 17 août au matin en état de manœuvrer. Si quelqu'un s'en étonnait, nous lui objecterions ce qui est arrivé à l'armée prussienne, le matin du 4 juillet 1866, après la bataille victorieuse de Koenigraetz, et nous rappellerions que la matinée de ce jour-là dut être employée à débrouiller les troupes des trois armées prussiennes qui s'étaient enchevêtrées. Il fallut même, d'après l'ouvrage de notre grand état-major prussien, une marche pour séparer les trois armées les unes des autres et les reformer.

Celui-là donc qui aurait voulu que le maréchal Bazaine, dès le 17 août au matin, attaquât avec toutes ses forces réunies les bataillons terriblement fondus des Allemands, celui-là ne tient pas compte de la réalité. Peut-être Bazaine aurait-il pu, après avoir remis ses troupes en ordre et rétabli les liens tactiques, attaquer de nouveau le 17 août vers midi, mais il fallait commencer par rassembler les divisions et les corps d'armée français qui étaient très éparpillés et cette opération aurait, cela n'a pas besoin d'être démontré, demandé beaucoup de temps à cause de l'étendue du champ de bataille.

Le général Jarras dit expressément que le soir de la bataille du 16 août, la majeure partie des chefs de corps et des officiers d'état-major étaient d'avis que l'armée devait se retirer vers le nord par Briey et Longuyon; que très peu se prononcèrent pour la continuation de la retraite sur Verdun, et, en tout cas, pas un seul pour le retour à Metz.

Vers 11 heures du soir, Bazaine fit appeler le général Jarras et lui dicta une note-circulaire qui devait être communiquée de suite aux commandants de corps d'armée et à tous les chefs de corps ; cette note-circulaire disait que l'armée du Rhin n'avait pas assez de munitions ni de vivres pour continuer sa marche sur Verdun, qu'elle devait, par suite, aller occuper la position Rozérieulles-Amanvilliers, sur laquelle elle pourrait avant tout se réapprovisionner en munitions et en vivres. Chose singulière, le 6e corps devait s'établir près de Verneville, en avant du 4e corps, à qui était assignée la ligne Montigny-la-Grange-Amanvilliers.

Ici commencent des doutes très justifiés sur la bonne foi du maréchal Bazaine. L'assertion du maréchal qu'on manquait de munitions et de vivres n'était nullement conforme à la vérité. Aucun des commandants de corps de l'armée du Rhin n'avait dit au maréchal un mot qui pût être interprété dans ce sens. Seul, le commandant en chef de l'artillerie, le général Soleille, avait manifesté des craintes exagérées au sujet de la consommation des munitions.

L'armée du Rhin possédait, le matin du 16 août, 106,493 obus et schrapnels pour pièces rayées de 4 et de 12 ; en outre, des boîtes à mitraille et des munitions pour mitrailleuses en abondance. Le 14 août, il avait été consommé 25,732 obus et schrapnels, 890 boîtes à mitraille, et 6,000 à 7,000 cartouches de mitrailleuses. Par suite, les munitions d'artillerie de l'armée du Rhin étaient encore suffisantes pour 2 ou 3 grandes batailles. En outre, l'arsenal de Metz pouvait, dans la nuit du 16 au 17 août, fournir 12,400 obus et schrapnels qui étaient déjà chargés sur des voitures de munitions.

Le soir du 16 août, l'armée du Rhin disposait encore d'au moins 16 millions de cartouches à balles ; la bataille n'avait entraîné qu'une consommation d'un million de cartouches à balles. Il y avait donc abondance de munitions et non pas déficit ; néanmoins beaucoup de bataillons français avaient épuisé presque complètement leurs cartouches le 16 août, de sorte qu'il fallait, avant toute opération ultérieure, remplacer les munitions, ce qui, en raison de la grande étendue du champ de bataille, devait demander beaucoup de temps.

La seule excuse pour le maréchal Bazaine est l'observation qui a été réellement faite par le général Soleille, lequel craignait que l'artillerie française eût consommé le tiers et peut-être la moitié de ses munitions. Cependant le général, lorsqu'il avait exprimé cette crainte au maréchal, ne s'était pas encore renseigné auprès des commandants de l'artillerie des corps d'armée.

Lorsque l'armée du Rhin quitta Metz, elle emmenait avec elle 3,390 voitures de vivres sur lesquelles étaient chargées 750,000 rations de pain, biscuit et farine et 200,000 rations d'avoine. Cependant, comme on avait laissé les trains au Ban-Saint-Martin, des parties seulement de ces trains étaient arrivées le 16 août sur le plateau de Gravelotte, à savoir les colonnes du train du 2ᵉ corps et du quartier général. Ces colonnes contenaient 173,000 rations de pain et de biscuit, 136,000 rations de farine et pour 3 jours d'autres vivres pour toute l'armée. Le maréchal Bazaine demanda à l'intendant de Préval des renseignements au sujet du contenu des colonnes de trains rassemblées à

Gravelotte ; mais ce haut fonctionnaire n'avait pris que depuis peu de jours ses fonctions, et ne put fournir les renseignements demandés ; il se hâta néanmoins de se rendre à Metz pour faire venir toutes les colonnes de trains qui avaient été laissées en arrière. Plus de 500 voitures chargées de vivres furent amenées dans la matinée du 17 août par l'intendant de Préval à Gravelotte où elles arrivèrent lorsque l'ordre de la retraite avait déjà été donné. L'intendant ne savait pas où il devait envoyer ces voitures et fit distribuer les vivres aux troupes, lors de leur passage.

Pour permettre le licenciement du *convoi auxiliaire,* les colonnes du train du grand quartier général avaient dû décharger leurs vivres près de Gravelotte ; les voitures vides avaient ensuite servi à transporter les blessés à Metz. Lorsque le mouvement de retraite fut commencé, 2,063,000 rations de vivres de toute espèce, parmi lesquelles 625,000 rations seulement de sel, étaient empilées par terre. On ne fit pas distribuer ces grandes quantités de vivres aux troupes qui passaient, mais on les brûla, pour qu'au moins elles ne tombassent pas entre les mains des Allemands.

Dans le procès de Trianon, l'accusation se fit de ces faits une arme puissante contre Bazaine ; personne n'en sera étonné.

Le maréchal Bazaine adressa à l'Empereur la dépêche suivante :

« Gravelotte, 16 août, 11 heures soir.

» Sire,

» Ce matin, à 9 heures, l'ennemi a attaqué la tête de nos campements à Rezonville. Le combat a duré depuis ce matin jusqu'à 8 heures du soir. Cette bataille a été acharnée; nous sommes restés sur nos positions après avoir éprouvé des pertes sensibles. La difficulté aujourd'hui gît principalement dans la diminution de nos parcs de réserve et nous aurions peine à supporter une journée comme celle d'aujourd'hui avec ce qui nous reste dans nos caissons. D'un autre côté, les vivres sont aussi rares que les munitions, et je suis obligé de me reporter sur la ligne de Vigneulles à Lessy pour me ravitailler. Les blessés ont été évacués sur Metz. Il est probable, selon les nouvelles de la concentration de l'armée des Princes, que je me verrai obligé de prendre la route de Verdun par le nord. »

Ce n'est que plus tard que Bazaine se décida à se retirer jusque sur la ligne Amanvilliers-Point-du-Jour.

Lorsque le maréchal Canrobert arriva à Verneville, il reconnut le danger sérieux auquel son corps serait exposé s'il y restait, et envoya le colonel Lamy, de son état-major, chez Bazaine, pour lui en rendre compte. A la suite de ce rapport, Bazaine donna, à 4 heures du soir, au maréchal Canrobert, l'autorisation, par écrit, d'aller prendre position près de Saint-Privat. Mais le 6ᵉ corps rencontra les colonnes du 4ᵉ corps qui n'avait reçu qu'assez tard les ordres de Bazaine et ne s'était mis, par suite, que tard en mouvement. Le maréchal fut donc obligé d'attendre avec ses troupes que le 4ᵉ corps se fût écoulé, de sorte que le 6ᵉ corps n'arriva à Saint-Privat qu'à la tombée de la nuit.

Il aurait été beaucoup plus judicieux d'éviter ces croisements de marche en envoyant le 4ᵉ corps à Saint-Privat et le 6ᵉ corps à Amanvilliers ; on aurait eu ainsi, le lendemain, à l'aile droite, un corps pourvu d'une forte artillerie et qui, de plus, avait jusque là peu souffert ; ainsi, par exemple, les pertes de la division Lorencez jusqu'au 18 août au matin ne s'élevaient qu'à 30 hommes d'infanterie. En outre, le 4e corps avait des troupes du génie suffisantes pour organiser, avec ses propres ressources, des fortifications en terre solides.

Bazaine s'était rendu avec son état-major à Plappeville, et paraît ne s'être nullement préoccupé de l'issue d'une nouvelle bataille. C'est ainsi que le 6e corps resta à Saint-Privat, bien que son artillerie fût très faible, et bien qu'il ne disposât que de 2 compagnies du génie, au lieu de 5 compagnies qu'il devait avoir régulièrement. Il n'est pas douteux que le manque de troupes du génie du 6e corps a été une circonstance extraordinairement heureuse pour les Allemands.

La conduite du maréchal Bazaine, pendant la bataille du 18 août, a été étrange au plus haut point. Il avait envoyé au fort Saint-Quentin quelques artilleurs, pour lui faire savoir où et quand les pièces allemandes ouvriraient le feu. La brigade Bruchard des chasseurs à cheval fut attachée au 6e corps pour remédier au moins au manque de cavalerie ; le maréchal Canrobert reçut également le seul régiment de chasseurs d'Afrique présent, et les deux batteries à cheval de la division de cavalerie du Barail. Il manquait néanmoins 4 escadrons du 10e, 1 escadron du 3e régiment et 1 escadron du 2e régiment de chasseurs d'Afrique, qui étaient attachés aux 4 divisions d'infanterie du 3e corps comme cavalerie divisionnaire, ou qui servaient d'escorte aux maréchaux Bazaine et Lebœuf. Le renforcement du 6e corps se trouvait ainsi réduit de 19 à 13 escadrons.

Le 4ᵉ corps reçut l'ordre de faire surveiller, par sa division de cavalerie, le chemin de fer de Thionville ; les divisions de cavalerie de Forton et Valabrègue devaient pousser des reconnaissances sur la rive gauche de la Moselle jusqu'à Moulins, près de Metz.

Le 18 août, vers 9 h. 1/2 du matin, pendant que Bazaine travaillait avec le général Jarras, arriva une dépêche du maréchal Lebœuf relative aux mouvements des Allemands. Bazaine fit dire verbalement au maréchal que le 3ᵉ corps avait une position très forte, et qu'il résisterait facilement à une attaque ; que, du reste, Lebœuf devait renforcer le plus possible les travaux de fortification commencés la veille.

Bazaine exprimait hautement son entière confiance dans la solidité de la position défensive qu'occupait l'armée du Rhin, et ne regarda pas comme nécessaire de se rendre sur le champ de bataille, bien qu'il eût reçu, à plusieurs reprises, des dépêches des commandants de corps d'armée.

Lorsqu'on entendit à Plappeville le bruit du canon, le général Jarras fit seller ses chevaux et se rendit chez le maréchal Bazaine, qui le renvoya aussitôt en lui recommandant fortement de pousser le plus activement possible le *grand travail de promotions* que l'armée attendait avec impatience ; il ajouta même que le combat ne pouvait pas être sérieux. Ainsi, le chef d'état-major d'une armée devait, pendant une grande bataille décisive, borner son rôle à établir un travail de promotions !

Vers 2 heures (d'après Jarras), Bazaine monta à cheval pour se rendre au fort Saint-Quentin, et fit dire au chef d'état-major qu'il n'avait pas besoin de lui ni de tous les officiers du grand état-major ; qu'il voulait seulement avoir avec lui quelques officiers. Il ferait, du reste, appeler le général Jarras si l'affaire devenait sérieuse ; en attendant, il devait continuer le travail de promotions.

Bazaine resta au fort Saint-Quentin et rentra peu de temps après au fort de Plappeville. Le général Ladmirault priait qu'on le fît soutenir par de l'infanterie ; le maréchal Canrobert réclamait de l'infanterie et de l'artillerie ; le général Bourbaki demandait l'ordre de faire marcher la garde. Bazaine repoussa toutes ces demandes ; il envoya seulement vers la fin du jour une brigade de Voltigeurs dans le voisinage du 4e corps, mais sans la mettre complètement à la disposition du général Ladmirault. Plus tard encore, 2 batteries à cheval de la garde furent envoyées au maréchal Canrobert. Vers 7 heures du soir, Bazaine rentra à son quartier général à Plappeville ; c'était précisément le moment où le combat était le plus violent et le plus acharné à Saint-Privat. Il dit au général Jarras qu'il était content de la journée, que l'armée s'était maintenue partout victorieuse. Pas un seul des officiers de l'état-major commandé par le général Jarras pour accompagner le maréchal, n'avait été envoyé à Saint-Privat pour se renseigner, sur place, sur la situation du combat ; Bazaine ne s'était servi d'aucun des officiers du grand état-major mis à sa disposition, pour une mission ayant trait à la bataille elle-même.

On n'entendait que faiblement le bruit du canon au quartier général. Vers 9 heures du soir, un sous-intendant rendit compte qu'une colonne de voitures de vivres, qui avait été envoyée à Saint-Privat, avait rencontré des cavaliers et des voitures qui fuyaient, et, dans l'obscurité de la nuit, avait été mise en désordre. Le général Jarras crut voir là une panique, comme il s'en produit quelquefois dans les colonnes des équipages et prescrivit au sous-intendant de rassembler le plus rapidement possible ses colonnes de voitures.

Tout à coup parurent un aide de camp du maréchal Canrobert et un aide de camp du général Ladmirault, qui voulaient rendre compte au maréchal de la situation, mais qui n'avaient pas été reçus, Bazaine ayant fait condamner sa porte afin de pouvoir travailler sans être dérangé. Le général Jarras conduisit aussitôt ces deux officiers près du maréchal, et ce dernier apprit alors la triste issue de la bataille. Il n'y avait plus de doute, on avait subi à Saint-Privat une défaite complète. Malgré cela Bazaine resta tout à fait calme, assigna aux 4e et 6e corps de nouvelles positions, et dit aux deux officiers : « Ce mouvement devait être fait demain matin, vous le ferez quelques heures plus tôt. »

Dans la matinée du 18 août, le colonel Lewal, du grand état-major, accompagné des sous-chefs d'état-major de tous les corps d'armée, avait fait, en effet, une reconnaissance des positions nouvelles que le maréchal Bazaine voulait faire occuper par l'armée du Rhin. Lorsque la bataille commença, le colonel Lewal renvoya à leurs corps d'armée les officiers d'état-major, continua seul la reconnaissance et revint vers 5 heures du soir chez le maréchal pour lui rendre compte. Les ordres nécessaires venaient précisément d'être terminés, sans que le général Jarras paraisse en avoir rien su, lorsque les officiers du 4e et du 6e corps dont nous avons parlé plus haut arrivèrent chez le maréchal. De là la grande sérénité d'âme de Bazaine au reçu de ces tristes nouvelles.

Nous avons dépeint le rôle de Bazaine le 18 août, en suivant exactement le récit du général Jarras, parce que le chef d'état-major devait, en définitive, savoir mieux que personne ce que son général en chef avait fait ou négligé de faire. D'après Rousset : « Histoire générale de la guerre franco-allemande », Bazaine a fait dire au maréchal Canrobert, vers 10 heures du matin, par un officier d'état-major, que l'aile droite française occuperait des positions situées en arrière, si l'attaque des Allemands devenait sérieuse. Plus tard, Bazaine fit dire qu'il enverrait une division de la garde impériale au secours du maréchal Canrobert, si le combat à Saint-Privat devenait plus sérieux.

Cependant le 6ᵉ corps français attendait vainement les renforts promis ; ces renforts n'étant pas encore en vue à 2 h. 1/2 de l'après midi, Canrobert envoya le capitaine d'artillerie de Chalus chez Bazaine. De Chalus arriva une heure plus tard à Plappeville, trouva le maréchal Bazaine dans son salon, et lui expliqua clairement sur une carte la situation de combat du 6ᵉ corps. D'après cela, l'heure indiquée par le général Jarras pour l'excursion de Bazaine au fort Saint-Quentin ne paraît pas exacte.

Bazaine voulait réellement, paraît-il, faire marcher les grenadiers de la garde, mais à ce moment il reçut un billet dont la provenance n'a pu être établie. Le maréchal lut ce billet, le mit dans sa poche, et dit qu'il ne voyait plus la nécessité de faire marcher les grenadiers de la garde. Le capitaine de Chalus fut alors renvoyé, et ne put amener à Saint-Privat que 4 voitures de munitions.

C'est seulement à ce moment, c'est-à-dire vers 4 heures du soir, d'après Rousset, que le maréchal Bazaine se rendit au fort Saint-Quentin. Là, il reçut un rapport du maréchal Canrobert qui lui rendait compte du mouvement enveloppant des Saxons qui menaçait le 6ᵉ corps ; il ne répondit rien et dit seulement à deux officiers d'ordonnance de la garde : « la journée est finie : la garde rentrera au camp » et il envoya un troisième officier d'ordonnance au général Bourbaki, pour lui prescrire de ne pas bouger. 2 batteries de l'artillerie de réserve de l'armée seulement, furent envoyées vers 3 heures et demie de l'après-midi à Saint-Privat, mais elles arrivèrent si tard qu'elles ne purent que couvrir la retraite des Français.

L'intendant général de l'armée ne reçut pas un mot pour lui apprendre qu'une bataille se livrait ; l'ambulance du grand quartier général resta tranquillement à Plappeville, quoiqu'elle fût cependant bien nécessaire sur le champ de bataille. On dit que le maréchal, à Saint-Quentin, pointa lui-même quelques pièces sur Jussy et revint à son quartier général à l'heure indiquée par le général Jarras.

La division des Grenadiers de la garde a été positivement mise en marche dans la soirée, pour aller porter secours au maréchal Canrobert ; mais cela se fit sur l'initiative personnelle du général Bourbaki. Le général Ladmirault avait envoyé un officier d'état-major à Bourbaki et avait fait connaître à ce général la situation. Cet officier arriva près de Bourbaki à 6 heures et demie du soir ; quelques minutes après, arriva un deuxième officier d'état-major, demandant instamment du secours pour les 4ᵉ et 6ᵉ corps. Alors le général Bourbaki prit sur lui d'agir et partit avec la division de Grenadiers et la réserve d'artillerie de la garde; mais il était déjà trop tard, et on ne pouvait plus que couvrir la retraite des 4ᵉ et 6ᵉ corps, ce qui se fit d'ailleurs d'une manière très efficace.

Du reste, 4 batteries de l'artillerie de réserve de l'armée étaient, en dernier lieu, en position au nord d'Amanvilliers, mais deux seulement de ces batteries purent faire feu. Si ces 4 batteries et l'artillerie de réserve de la garde étaient arrivées à 5 heures du soir à Saint-Privat, ce qui pouvait très bien se faire, alors un rude combat contre cette masse d'artillerie française, toute fraîche, aurait été nécessaire. Ce n'est que lorsque ce duel d'artillerie aurait fini heureusement, que les Allemands pouvaient penser à attaquer Saint-Privat.

Ici, il y a un vaste champ pour les « si » et les « mais » tactiques ; nous recommandons vivement cette étude aux officiers studieux; nous demandons seulement la permission de présenter les affirmations suivantes :

1º Si la masse d'artillerie française, toute fraîche, arrivait lorsque la première attaque de la garde prussienne n'avait pas encore commencé, les généraux allemands auraient été forcés de retarder cette attaque, jusqu'à ce que l'artillerie allemande eût obtenu un succès complet dans le combat d'artillerie. Nous regardons ce succès comme assuré (1), et nous croyons, par

---

(1) Des 12 batteries, presque toutes du calibre de 12, dont se composait l'artillerie de réserve de l'armée, 4 seulement ont été envoyées au 6ᵉ corps et très tard; les 8 autres batteries sont, pendant toute la

suite, que l'arrivée des réserves françaises vers 4 heures de l'après-midi aurait été un vrai bonheur pour les Allemands. On ne pouvait pas alors attaquer prématurément et il fallait attendre l'arrivée des Saxons. Le résultat final, pour les Allemands, aurait été aussi heureux qu'il a été dans la réalité ; seulement les Français auraient éprouvé beaucoup plus de pertes et la garde prussienne aurait eu probablement beaucoup moins à souffrir qu'elle n'a souffert malheureusement.

2° Si les réserves françaises arrivaient au moment où la première attaque de la garde de l'infanterie prussienne échouait au milieu de torrents de sang, la défaite partielle de la garde ne pouvait guère être évitée, mais l'intervention du Xe corps qui se tenait tout prêt, derrière la garde, aurait vite réparé cette défaite partielle ; même dans ce cas, il est très probable qu'un succès complet aurait fini par récompenser les efforts des Allemands ;

3° Si l'arrivée des réserves françaises se produisait au moment de l'assaut des Allemands contre Saint-Privat, les Français auraient peut-être repoussé cet assaut. Ce cas est, par suite, le plus défavorable ; cependant les Français auraient difficilement obtenu des succès d'une grande étendue ; même dans ce cas,

---

bataille du 18 août, restées inactives au bivouac du fort Saint-Quentin. Si ces 8 batteries avaient été envoyées avec les autres et si les 12 batteries de la réserve générale avaient été engagées en temps opportun, il est probable que l'intervention de cette masse d'artillerie aurait changé la face du combat à l'aile droite, car les pièces rayées de 12 françaises étaient bien supérieures aux pièces allemandes comme portée, justesse et puissance. Les assertions si optimistes du major Kuntz auraient donc bien pu être démenties par les faits (*Note du traducteur*).

Saint-Privat aurait été certainement pris d'assaut le 16 août par les Allemands.

....

La bataille du 18 août peut être considérée comme le tombeau de la vieille tactique de l'infanterie prussienne. Ce fut un tombeau grandiose, et des flots d'un sang précieux durent couler avant que l'on pût triompher de la résistance opiniâtre que les partisans de ce qu'on appelait « les bonnes vieilles traditions » opposaient à tout progrès rationnel dans le domaine de la tactique. Les batailles suivantes ont montré du côté des Allemands une tactique d'infanterie complètement changée, et la conséquence immédiate de ce grand progrès, que les circonstances ont imposé impérieusement, a été une diminution considérable de nos pertes. Nous attendions, *après le* 18 *août*, les effets puissants de notre artillerie et nous lui laissions le temps nécessaire pour agir d'une manière brillante; *jusqu'au* 18 *août*, notre artillerie allemande avait bien rendu déjà des services signalés, notamment à Wœrth, à Vionville et à Saint-Privat, mais nos attaques d'infanterie avaient généralement déjà eu lieu, avant que l'écrasement de l'ennemi par notre artillerie fût complètement produit. Dorénavant, nous avons employé notre infanterie conformément aux expériences de guerre que nous venions de faire et nous avons obtenu des succès inespérés, sans avoir jamais subi de pertes aussi effroyables que le 18 août.

Nous ne voulons pas dire qu'il n'y a pas eu des chefs en sous-ordre qui, même après le 18 août, et malgré toutes les sanglantes leçons, ont continué à employer l'infanterie d'après la vieille méthode; mais cela n'est arrivé, heureusement, que rarement, et a fini par disparaître presque complètement.

Si nous nous sommes permis cette digression, cela a été uniquement pour rappeler que, le 18 août, il s'est présenté fréquemment des circonstances dans lesquelles des divisions d'infanterie françaises, bien conduites, auraient pu obtenir de grands succès. Nous étions, dans cette bataille mémorable, presque sur toute notre longue ligne de bataille, exposés au danger de contre-attaques heureuses de la part des Français ; mais nous avons eu cette grande bonne fortune que les Français n'ont, sur aucun point, tenté de ces contre-attaques avec des masses, bien qu'ils disposassent des forces nécessaires.

Bazaine s'est montré le 14 et le 16 août, général brave, ne craignant nullement le danger ; quant à de la netteté dans les idées et de la décision, qualités d'un général en chef, on n'en trouve pas chez lui la moindre trace. Le 18 août, le maréchal Bazaine s'est conduit d'une manière que rien ne peut excuser ; il a fourni pleinement à ses ennemis l'occasion de porter contre lui des accusations graves et justifiées, et fait preuve d'un manque d'activité que l'on doit qualifier d'incompréhensible. Même en tenant compte, dans une large mesure, de l'indécision du caractère de Bazaine, de son manque de logique, de son peu de goût ou d'aptitude à prendre rapidement une décision importante, de sa tendance à rejeter la responsabilité sur les autres, un critique impartial doit se demander « s'il n'y a pas réellement lieu de soupçonner avec raison Bazaine d'avoir poursuivi des plans égoïstes, plans qui n'étaient d'accord ni avec les intérêts de l'empereur Napoléon ni avec ceux de la France ».

Où a-t-on jamais vu un général en chef, commandant une grande armée de plus de 100.000 hommes qui, pendant tout le cours d'une longue, ardente et sanglante bataille, non seulement n'a pas paru sur le champ de bataille, mais s'en est tenu à un demi-mille (1) en arrière, sans se servir de son très nombreux et excellent état-major, sans écouter les demandes instantes de ses commandants de corps d'armée et sans employer les nombreuses réserves dont il disposait? Il n'y a qu'une conclusion à tirer de ces faits prouvés, c'est que Bazaine ne voulait pas quitter Metz, qu'il paraissait favorable à ses plans égoïstes que les Allemands fissent sentir lourdement à l'armée française du Rhin, par une victoire, leur supériorité.

Nous ne voulons pas précisément affirmer que Bazaine souhaitait la défaite de l'armée française ; il avait plutôt trop confiance dans l'excellence de la position sur laquelle il avait établi son armée. Mais il convenait à sa tournure d'esprit que les Allemands fissent bien voir aux Français qu'il ne fallait plus penser au départ de l'armée du Rhin pour Verdun.

Bazaine n'a pas pu souhaiter la défaite complète du 6e corps et d'une partie du 4e corps français, mais il est certain qu'il n'a rien fait pour l'empêcher, bien qu'il ait été informé à temps et d'une manière plus que suffisante, de la mauvaise tournure que prenait le combat. Personne ne peut pénétrer dans les pro-

---

(1) Le mille allemand est de 7.500 mètres. (*Note du traducteur.*)

fondeurs intimes du cœur; mais, à juger humainement, Bazaine a montré le 18 août un tel oubli de ses devoirs, que de là à une trahison ouverte vis-à-vis de sa patrie, il n'y a qu'un pas.

La préparation tout à fait insuffisante du mouvement de retraite de l'armée du Rhin, le 14 et le 15 août, peut, sinon se justifier, du moins s'expliquer par l'incapacité, par le manque de savoir et par les circonstances peu favorables; mais nous ne trouvons pour la conduite du maréchal Bazaine le 18 août aucune excuse.

V. — L'armée française pouvait-elle encore le 14 août partir de Metz ?

Avant de résoudre cette question, nous devons nous rendre compte des longueurs de marche que devait occuper l'armée du Rhin à son départ.

Nous avons évalué l'armée du Rhin à 6,000 officiers et 177,000 hommes; les pertes qu'elle avait subies dans la bataille de Colombey-Nouilly s'élevaient environ à 200 officiers et 4,100 hommes; par suite, il y avait à mettre en marche 178,700 hommes en nombre rond; Derrécagaix, dans son ouvrage *La Guerre moderne*, 2e partie, p. 35, calcule, en supposant que l'infanterie marche par quatre, la cavalerie par deux, l'artillerie et le train par un (sans les deux divisions Metman et Lorencez, restées provisoirement en arrière), une longueur de marche de 226,450 mètres. Comme il y avait en tout à mettre en mouvement 178,700 hommes, la longueur de marche devrait, d'après Derrécagaix, s'élever à 265 kilomètres ou 35,33 milles allemands, en nombre rond.

Si on se représente l'armée du Rhin tout entière marchant, dans la formation que nous avons indiquée, sur une seule route, la tête serait déjà arrivée à Posen, tandis que les dernières subdivisions sortiraient seulement de Berlin-Est. Si on doublait le front de marche, c'est-à-dire si on faisait marcher l'infanterie par huit, la cavalerie par quatre, l'artillerie et le train par deux, la longueur de marche serait encore de $132^{km},5$, soit 17,66 milles allemands, et, répartie sur deux rangs, de 8,83 milles allemands pour chaque échelon de marche. Et encore nous n'avons pas parlé du service de sûreté, de la distance de l'avant-garde au gros.

Le général Meckel, dans son ouvrage *Principes généraux sur la conduite des troupes*, compte pour la longueur de marche d'un corps d'armée allemand évalué à 38,000 hommes avec les colonnes d'équipages, 6,5 milles allemands en nombre rond. Mais il dit, page 157 : « On se trompera toujours, si, pour mesurer une longueur de marche, on prend la ligne droite sur la carte. C'est surtout le cas en pays montagneux. La distance réelle est plus grande et la marche en montant et en descendant est plus difficile. Des sinuosités et des à-coups sont inévitables; pendant que la tête marche plus rapidement en descendant, le milieu doit souffler fortement en montant. La distance mesurée doit donc, en réalité, être doublée et triplée. »

Le pays entre Metz et Verdun est montagneux. Il est vrai que les grandes routes (routes impériales) sont assez larges pour permettre de doubler le front de marche, quoique la rencontre d'une voiture restée sur place (à cause d'une roue brisée, d'un essieu brisé, etc.,

etc.) soit naturellement beaucoup plus gênante avec un front de marche plus large qu'avec la formation habituelle sur un front étroit. Mais dans les villages français les conditions étaient souvent tout autres. On sait que dans les villages français règne la mauvaise habitude de mettre les tas de fumier, non pas dans l'intérieur des cours, mais sur la route du village. La largeur de la route se trouvait, par suite, quelquefois si rétrécie que la conservation de cette formation de marche plus large, si elle était encore à la rigueur possible pour l'infanterie et la cavalerie, ne l'était pas toujours pour l'artillerie et les colonnes d'équipages. Cela s'applique tout particulièrement aux trains français, qui se composaient en majeure partie de voitures de réquisition, souvent tout à fait étranges.

Si on tient compte de toutes ces circonstances, on fera bien de porter les longueurs de marche de 8,83 milles allemands que nous avons obtenus, pour chacun des deux échelons de marche (en se servant de deux routes) à 12 milles en nombre rond.

La distance de Metz à Verdun était, par Jarny-Conflans-Etain, comme par Mars-la-Tour-Harville-Haudiomont, de 10 milles allemands en nombre rond, et naturellement plus grande pour les corps d'armée qui étaient encore sur la rive droite de la Moselle. Si l'on compte 4 kilomètres comme longueur des marches qu'on peut demander à la troupe, il aurait fallu à la tête de chaque échelon 2 jours 1/2 pour atteindre Verdun, en admettant que rien ne vînt entraver la marche.

Si l'on se représente toute l'armée du Rhin répartie sur les deux routes entre Verdun et Metz, les têtes des deux échelons de marche seraient déjà arrivées à Verdun alors que les dernières subdivisions n'auraient pas encore quitté Metz.

Mais on ne pouvait disposer que de deux routes entre Metz et Verdun ; la troisième, par Briey, se serait confondue à Etain avec celle qui passe par Conflans. Il en résulte immédiatement que, par suite de la tournure que les choses avaient prises, on ne pouvait plus penser à faire partir l'armée du Rhin de Metz pour Verdun, sans être sérieusement inquiété par les Allemands.

Il fallait donc parer à ces inconvénients, si l'on voulait réellement effectuer ce départ.

Il y aurait eu un moyen très efficace de retarder, sinon d'empêcher la marche des armées allemandes au delà de la Moselle; c'était de détruire tous les ponts de la Moselle entre Toul et Metz. La Direction de l'armée française mérite d'être sévèrement blâmée pour n'avoir pas fait opérer cette destruction. Cependant le maréchal Bazaine ne peut, en bonne justice, être rendu complètement responsable, puisqu'il n'a été nommé que le 12 août commandant en chef de l'armée du Rhin. Nous avons cependant vu, plus haut, qu'il pouvait faire détruire les ponts d'Ars et de Novéant, et que même les habitants de ces localités demandèrent à le faire, mais qu'ils n'en obtinrent pas la permission.

Un autre reproche qu'on pourrait adresser au maréchal Bazaine, c'est d'avoir négligé, d'une manière incroyable, la préparation du départ de l'armée du Rhin pour Verdun. Nous savons cependant que le maréchal espérait encore, le 13 août, gagner l'empereur Napoléon à son plan qui consistait, on le sait, à livrer aux

Allemands une bataille défensive à l'est de Metz, dans une très bonne position, ou bien à se jeter, par un mouvement offensif, sur les colonnes de marche de la 2e armée allemande, et que ce n'est que tard dans la nuit du 13 au 14 août qu'il dut renoncer à ce plan.

Ce sont là certainement des circonstances atténuantes qui nous empêchent de porter sur le maréchal un jugement par trop sévère. Cependant ces circonstances atténuantes ne sauraient justifier Bazaine. Ou bien il devait persister à exécuter son plan, que l'on ne peut pas absolument condamner, et y décider l'Empereur en lui représentant l'impossibilité de faire maintenant marcher l'armée sur Verdun sans avoir à livrer des combats sérieux, ou bien il devait abandonner son plan assez à temps pour pouvoir exécuter cette marche avec quelque chance de succès. Dans ce dernier cas, il devait encore étudier et établir avec le plus grand soin, de concert avec le général Jarras, la préparation de cette marche.

Mais Bazaine n'a fait ni l'un ni l'autre ; il a cédé à regret à l'Empereur et n'a pas daigné parler une seule fois au général Jarras d'une opération qui était tout simplement décisive.

Ce reproche, personne, pas même le critique le plus indulgent, ne pourrait en disculper le maréchal.

Nous sommes du reste fermement convaincu que Bazaine ne voulait pas marcher sur Verdun et que, au contraire, les retards qui se sont produits en réalité lui étaient extrêmement agréables. Ce qui prouve le mieux notre assertion, c'est que Bazaine ne désignait comme garnison de la forteresse que la seule division Laveaucoupet. Le 14 août, la valeur au point de vue militaire de la garde nationale était à peu près nulle ; les gardes mobiles ne valaient pas beaucoup plus. En dehors de ces troupes, si on peut même appeler troupes, ce que nous ne croyons pas, la garde nationale et les gardes mobiles, il n'y avait alors à Metz, en fait d'infanterie, que les dépôts du 44e de ligne et du 11e bataillon de chasseurs, et les 4es bataillons des 44e et 60e de ligne ; enfin de nombreux détachements de réservistes destinés au 5e corps d'armée, mais qu'il fallait d'abord former en corps de troupes.

La forteresse de Metz n'avait donc comme garnison que 13 bons bataillons de campagne et 2 quatrièmes bataillons, quoique les forts fussent loin d'être tout à fait terminés et qu'ils ne fussent même pas complètement armés.

Si donc l'armée du Rhin quittait réellement Metz, cette forteresse importante devait tomber en très peu de temps si les Allemands prenaient des mesures tant soit peu énergiques. La direction de l'armée allemande était tout à fait à hauteur de sa tâche ; elle l'avait déjà suffisamment prouvé. On devait donc s'attendre, de la part des Allemands, à une marche aussi hardie qu'habile contre Metz.

L'ennemi le plus ardent du maréchal Bazaine ne voudrait pas soutenir qu'il soit entré dans ses plans de faire tomber Metz le plus tôt possible dans les mains des Allemands. Au contraire, Bazaine voulait conserver Metz le plus longtems possible, et ménager le plus qu'il pourrait l'armée du Rhin sous la protection de la forteresse. Si donc, le 14 août, il ne laissait dans Metz que la division Laveaucoupet, c'est qu'il pouvait le faire sans danger, parce qu'il savait mieux que personne que toute l'armée du Rhin camperait de nouveau, dans très peu de temps, sous le canon de Metz.

A notre avis, le fait de ne laisser à Metz qu'une seule division est une preuve décisive de l'intention de Bazaine de ne pas abandonner Metz, car Bazaine savait parfaitement bien que cette seule division était tout à fait insuffisante pour occuper tous les forts détachés, et fournir tout le service d'avant-postes sur la ligne des forts qui était longue d'au moins 4 milles.

Il aurait donc été plus judicieux de laisser dans Metz des forces suffisantes pour défendre la forteresse en toute circonstance. Il aurait suffi pour cela du 2ᵉ corps français avec la brigade Lapasset. Comme on n'avait besoin dans Metz que de très peu de cavalerie, on pouvait faire partir avec l'armée du Rhin la brigade de dragons du 2ᵉ corps, et on conservait dans Metz la brigade de chasseurs à cheval du 2ᵉ corps et le 3ᵉ régiment de lanciers, soit 14 escadrons, qui étaient suffisants pour le service des avant-postes.

En laissant le 2ᵉ corps à Metz, on aurait réduit la masse de l'armée du Rhin à mettre en marche, à environ 150.000 hommes, et on aurait ainsi obtenu, en doublant le front de marche, une longueur de marche de 20 milles. Cela fait, avec deux routes, une longueur de 10 milles par chaque échelon. Si l'on compte maintenant une étape de 5 milles par jour, les dernières troupes de chaque échelon pouvaient le 15 août au soir se trouver non loin de Metz.

Si quelqu'un s'étonnait de cette assertion, nous lui soumettrions les réflexions suivantes : même avec une très grande accélération de la marche, on compte pour une si grosse masse de troupes, en moyenne,

2 heures, et pour une marche de 4 milles et plus, 2 heures 1/2 par mille. Si donc le mouvement commençait le 14 août vers 4 heures du matin et devait continuer jusqu'au soir, la tête de chaque échelon de marche pouvait déjà, le soir du 14 août, arriver à 5 milles de Verdun ; mais la deuxième moitié de chaque échelon de marche ne pouvait se mettre en mouvement, parce que les routes auraient été, sur toute leur longueur, déjà couvertes de troupes. Par suite, la deuxième moitié de chaque échelon de marche ne pouvait quitter Metz que le 15 août au matin. Même en admettant que les colonnes aient marché, dès le début, à une très bonne allure, les dernières troupes de chaque échelon de marche ne pouvaient quitter Metz au plus tôt que le 15 août dans l'après-midi et marcher tout au plus que pendant quelques heures. Comme il se serait certainement produit des à-coups, la queue de chaque échelon de marche ne serait pas, même dans ces conditions particulièrement avantageuses, à plus de 1 et, au maximum, 2 milles de Metz.

Mais la bataille de Colombey-Nouilly d'une part, et d'autre part, l'apparition de la 5e division de cavalerie prussienne, sont venues déranger tous ces calculs, purement théoriques.

Il ressort donc que, avec la tournure que les choses avaient prises, l'armée du Rhin ne pouvait plus, le 14 août, partir pour Verdun. Même en admettant que le général Jarras ait été mis par le maréchal Bazaine complètement au courant de ses plans, et ait pris pour la mise en route de l'armée du Rhin les dispositions les plus judicieuses, la deuxième moitié des deux échelons de marche aurait été mise en désordre le 16 août, par suite du mouvement offensif du 3e corps prussien.

Mais comme on partait le 14 août au matin, et que Bazaine ne s'était plié définitivement à la volonté de l'Empereur que, vers minuit, avant le départ, on n'avait plus le temps nécessaire pour pouvoir prendre d'excellentes dispositions. Le général Coffinières avait bien fait jeter des ponts sur la Moselle dès le 12 août, mais comme l'équipage de pont de l'armée du Rhin était tombé entre les mains des Allemands à Forbach, il fallut établir des ponts de chevalets. Cela se fit d'une manière un peu sommaire, de sorte qu'une crue de la Moselle, dans la nuit du 13 au 14 août, ne permit pas de se servir des ponts. Il fallut toute la journée du 13 et la matinée du 14 août pour rétablir ces ponts. La bataille de Colombey-Nouilly ne fut donc pas seule cause du retard que subit le départ de l'armée du Rhin; ce fut plutôt le peu de solidité des ponts qui obligea les corps d'armée qui se trouvaient encore sur la rive droite de la Moselle à retarder leur départ, et la conséquence ultérieure de ce retard fut la bataille du 14 août, qui, elle, retarda tout à fait le départ.

Nous avons déjà vu plus haut combien la réalité répondait peu à nos calculs théoriques. Mais à cause de la discipline de marche très défectueuse des Français, laquelle fut naturellement aggravée par la présence de milliers de voitures de réquisition, qui manquaient tout à fait d'organisation militaire, on ne pouvait obtenir de bons résultats comme marche; il ne fallait donc pas penser à en avoir d'excellents. Du reste, une bonne discipline de marche est un travail du temps de paix qui exige les plus grands soins et de longues années ; les prescriptions les plus judicieuses et leur exécution la plus stricte, ne seront jamais en état de faire d'une mauvaise discipline de marche une bonne dans l'espace de 48 heures. Mais ici ce miracle aurait été nécessaire.

Nous persistons donc dans notre conviction que, d'après la tournure que les choses avaient prise, le départ de l'armée du Rhin pour Verdun n'était plus possible le 14 août, quand même le 2ᵉ corps tout entier aurait été laissé à Metz.

On se demande s'il n'aurait pas mieux valu diriger l'armée du Rhin par Briey et Longuyon, pour chercher à se réunir à l'armée de Châlons par Montmédy, Carignan et Mézières. On ne disposait, il est vrai, que d'une grande route, mais, par contre, cette direction conduisait dans un pays dans lequel on aurait été plus tôt en sécurité contre les Allemands que dans la région de Verdun.

On ne pouvait songer à se servir de la route de Thionville. D'abord il fallait faire un énorme détour ; en outre, les colonnes de marche auraient été indubitablement aperçues par la cavalerie allemande, et le général de Moltke n'aurait pas tardé à prendre des contre-mesures efficaces.

D'un autre côté, on aurait peut-être pu se dérober par la route de Briey sans que les Allemands se soient aperçus à temps de ce mouvement. Mais on ne pouvait réellement pas penser à diriger l'armée du Rhin tout entière vers le nord de la France, par cette seule route (la longueur de marche de plus de 20 milles encore le démontre), même si on laissait le 2ᵉ corps tout entier à Metz. Il fallait plutôt masquer le départ de l'armée du Rhin et chercher à tromper les Allemands.

Les considérations suivantes sont toujours basées uniquement sur l'impossibilité démontrée de faire échapper toute l'armée du Rhin vers l'intérieur de la France; elles se maintiennent et tombent avec cette hypothèse. Nous ferons, encore une fois, observer que nous ne parlons d'une impossibilité démontrée que parce que nous ne parlons que de la situation militaire, telle qu'elle était le 14 août au matin. Si l'armée du Rhin avait commencé son mouvement dans la matinée du 12 août, elle aurait atteint Verdun sans être le moins du monde gênée par les Allemands. Nous insistons de nouveau sur ce point, pour éviter que l'on se méprenne sur nos propositions et qu'on les juge mal.

Représentons-nous tout d'abord une forte masse de cavalerie en marche, dès le 14 août, sur les routes directes de Metz-Mars la Tour-Verdun et Metz-Conflans-Etain-Verdun, en partie pour tromper les Allemands, en partie pour les empêcher d'avoir des vues dans le terrain au nord de l'Orne et d'arriver à découvrir les colonnes de marche proprement dites de l'armée du Rhin, et en partie pour décharger le plus possible la route de Briey.

On aurait pu employer à ce service les troupes françaises suivantes : colonne du sud, par Mars la Tour : division de cavalerie de Forton; division de cavalerie de la garde, sans le régiment de guides à laisser au corps de la garde, mais pourvue de 2 batteries à cheval; enfin la brigade de dragons du 2ᵉ corps. Cela aurait fait en tout 49 escadrons et 4 batteries à cheval qui, de toute façon, devaient venir à bout des 36 escadrons de la 5ᵉ division de cavalerie prussienne.

Colonne du nord par Conflans et Etain : la division de cavalerie du Barail, 12 escadrons et 2 batteries à cheval ; la division de cavalerie Legrand, également avec 2 batteries à cheval ; total 30 escadrons et 4 batteries à cheval. L'empereur Napoléon devait partir pour Verdun avec cette colonne ; c'est pour cela que nous y avons compris la division du Barail.

Un régiment de la brigade de chasseurs du 3ᵉ corps devait être attaché au 4ᵉ corps ; un deuxième régiment de cette brigade au 6ᵉ corps, tandis que le troisième régiment resterait avec le 3ᵉ corps.

De cette façon, on aurait considérablement déchargé la route de Briey, en portant sur une autre direction 71 escadrons (nous n'y comprenons pas les 8 escadrons de la division du Barail qui partaient avec l'empereur Napoléon), et 8 batteries à cheval.

D'après le général Meckel (*Principes généraux de la conduite des troupes en campagne*, p. 181), une division de cavalerie prussienne de 24 escadrons et 2 batteries à cheval, en une seule colonne, occupe une longueur de 5 kilomètres. Par conséquent, les 71 escadrons et les 8 batteries à cheval, qui ne devaient pas passer par Briey, auraient déchargé la route d'une longueur d'environ 15 kilomètres, soit 2 milles.

Figurons-nous encore le 2ᵉ corps français, sans la division Laveaucoupet, se portant, comme cela a eu lieu réellement, le 14 août, à Rézonville, pour y prendre une position d'arrière-garde afin de couvrir le départ de l'armée du Rhin. On sait que le 2ᵉ corps arriva réellement le 25 août, entre 9 et 10 heures du matin à

Rézonville ; nous pouvons admettre la même chose pour notre discussion.

Le 6ᵉ corps devait, le 14 août, se porter par Voippy et Saulny sur Saint-Privat et pouvait très bien, puisqu'il n'avait pas été gêné le moins du monde par les Allemands, arriver le soir du 14 août à Auboué (largement 2 milles et demi) et avec ses fractions les plus avancées, bien au delà de ce point. Il était possible aussi de faire marcher l'artillerie de réserve et la réserve du génie immédiatement derrière le 6ᵉ corps, de sorte qu'elles auraient pu bivouaquer près de Saint-Privat dans la nuit du 14 au 15 août. De cette façon, les deux routes de Moulins — Chatel-Saint-Germain — Amanvilliers à Saint-Privat et de Voippy à Saint-Privat auraient été, dans la matinée du 25 août, complètement libres de troupes, de sorte que les corps d'armée maintenus provisoirement sur la rive droite de la Moselle par suite de la bataille de Colombey-Nouilly, auraient trouvé les routes complètement dégagées, pour peu que l'on prît des dispositions convenables et que ces dispositions fussent exécutées avec énergie.

En tout cas, les masses de cavalerie et les batteries à cheval dont il a été parlé plus haut, devaient, de toute façon, être mises en marche dès le 14 août au matin, et la bataille de Colombey-Nouilly ne devait nullement empêcher leur départ. On n'aurait conservé, le 14 août, que les 15 escadrons de la brigade de chasseurs Bruchard et les 4 escadrons du régiment de guides à l'est de Metz ; on n'avait pas besoin d'une cavalerie plus nombreuse, et, par conséquent, le départ n'aurait dépendu que de la possibilité de se servir des ponts sur la Moselle et du dégagement des rues de

Metz. Nous savons déjà que les ponts sur la Moselle n'ont été terminés que dans la matinée du 14 août ; que les rues étroites de la ville de Metz, déjà très difficiles par elles-mêmes pour la circulation des troupes, étaient, en outre, remplies par la division de cavalerie Valabrègue qui employa toute la nuit à traverser Metz. De plus, la cavalerie désignée pour se porter sur Verdun aurait trouvé la portion de route de Moulins à Gravelotte déjà occupée par le 2ᵉ corps. Somme toute, on pourra nous objecter, qu'il ne fallait pas penser à mettre en marche sur Verdun, dès le 14 août, les deux masses de cavalerie, avec la composition que nous avons proposée.

C'est parfaitement vrai. Mais nous pensons que les masses de cavalerie devaient, à dessein, être maintenues en arrière jusqu'au 15 août à midi, de façon que leurs avant-gardes ne dépassent pas Doncourt et Vionville. Les Français avaient tout intérêt à masquer le plus longtemps possible leur marche sur Briey et par conséquent à rassembler d'abord, très tranquillement, leurs masses de cavalerie à l'est de Metz, et à ne leur faire commencer leur mouvement que le 15 à midi. La 5ᵉ division de cavalerie prussienne n'était pas assez forte pour pouvoir refouler 49 escadrons et 4 batteries à cheval, d'autant plus que la colonne du sud des Français pouvait à chaque instant être soutenue par la colonne du nord.

Nous supposons donc les deux colonnes de cavalerie des Français se rassemblant dans le courant du 14 août et dans la matinée du 15 août, près de Doncourt et près de Vionville, pour commencer leur mouvement le 15 août à midi. De fait, l'empereur Napoléon n'est parti de Gravelotte que le 16 août au matin et est arrivé par Conflans à Verdun sans avoir été inquiété par les Allemands. On ne voit donc pas pourquoi le mouvement de ces 79 escadrons et 8 batteries à cheval sur Verdun, exécuté le 15 août à midi, aurait échoué. Comme la 5e division de cavalerie prussienne n'a jamais attaqué la division de Forton, on peut bien se demander si pour exécuter les dispositions proposées, on aurait eu à livrer des combats sérieux.

La garde impériale, le 3e et le 4e corps ne pouvaient commencer leur mouvement que dans la nuit du 14 au 15 août ; il fallait s'attendre à de très grands retards. Nous supposons le 4e corps montant par la route Voippy-Saulny-Saint-Privat, et la garde impériale et le 3e corps par la route Moulins-Châtel-Saint-Germain-Amanvilliers-Saint-Privat. A Saint-Privat, les deux routes convergeaient ; il fallait donc qu'une des deux colonnes attendît l'écoulement de l'autre. Comme on ne pouvait calculer à l'avance quelle était celle des deux colonnes qui arriverait la première à Saint-Privat, il fallait qu'un officier supérieur d'état-major, peut-être le chef d'état-major lui-même, se trouvât à Saint-Privat, pour attendre l'arrivée des troupes et prendre sur les lieux mêmes les dispositions nécessaires pour diminuer le plus possible les à-coups inévitables.

Après défalcation des pertes du 14 août, et de la cavalerie et de l'artillerie à diriger sur Verdun, la garde impériale, le 3e et le 4e corps, auraient encore occupé en marche une longueur de 13 milles. Quand même les Français auraient très bien marché, il n'y aurait eu au plus que le corps d'armée de tête, probablement la garde impériale, qui aurait pu dépasser Auboué le 15 août. Le corps suivant, probablement le 4ᵉ corps, devait alors prendre la route pour lui, et n'aurait pu que difficilement, jusqu'au 16 août à midi, dépasser avec ses dernières troupes, l'Orne à Auboué. Le 3ᵉ corps tout entier devait alors s'engager à son tour, dans cette colonne de marche sans fin. Ceci n'était plus complètement possible le 16 août, même avec la plus grande énergie. Maintenant les Allemands attaquèrent, on le sait, le 16 août; on aurait été alors exposé, malgré la position d'arrière-garde du 2ᵉ corps à Rezonville, à ce que le 3ᵉ corps se trouvât, par suite du mouvement offensif victorieux des Allemands, dans l'impossibilité de se mettre en marche.

Il était, par conséquent, plus sûr d'attacher, dès le début, au 2ᵉ corps en position à Rezonville, deux divisions du 3ᵉ corps pour le renforcer. La route de marche proprement dite aurait été ainsi beaucoup déchargée, et le danger d'une défaite, auquel était exposé le 2ᵉ corps seul à Rezonville, aurait diminué. Les Français pouvaient alors déployer le 16 août, 4 divisions et demie d'infanterie sur la ligne Villers-aux-Bois-Rezonville, et auraient été ainsi en état de tenir tête au 3ᵉ corps prussien qui s'avançait d'abord seul. L'issue de la bataille du 16 août aurait décidé si les deux divisions du 3ᵉ corps français pouvaient encore se mettre en marche par Auboué, où si elles devaient se joindre au 2ᵉ corps, qui, de toute façon, devait rester à Metz.

Nous avons essayé d'exposer au lecteur qui a bien voulu nous suivre, les difficultés extraordinaires que présentait, même en fractionnant l'armée du Rhin en 3 masses (garnison de Metz, cavalerie se portant sur

Verdun, et le gros de l'armée du Rhin, s'avançant par Briey) la marche par Briey.

Il y aurait eu quelque chose de plus simple que cette opération compliquée ; c'est que Bazaine infligeât le 16 août aux Allemands une défaite complète, laissât ensuite dans Metz une forte garnison, et avec le reste de l'armée du Rhin se portât sur Briey, bien concentré et sous la protection de fortes arrière-gardes. Il pouvait peut-être, de cette façon, gagner assez d'avance, pour que les Allemands qui, après une défaite subie le 16 août, n'auraient pu renouveler leur attaque que le 18 août au plus tôt, aient pu le rejoindre. Mais cela même est extrêmement douteux à cause de la capacité de marche extraordinaire des armées allemandes et de leur bonne discipline de marche.

Nous quittons ce terrain très difficile, sur lequel nous ne nous sommes engagés que tout à fait à contre-cœur, pour donner aux lecteurs qui ne sont pas versés dans les questions militaires, une idée approximative des énormes difficultés que présente la mise en marche d'une armée de la force de l'armée du Rhin, sur une seule et même sur deux routes. Si nous avons à peu près réussi, nous nous déclarons satisfait. En terminant, nous ferons remarquer que le chemin de fer Metz-Verdun était seulement en voie d'exécution en 1870, et que l'on ne pouvait guère penser à se servir du chemin de fer Metz-Thionville, parce qu'il aurait toujours été possible à la première armée allemande de détruire ce chemin de fer et d'en rendre l'exploitation impossible. Dans ces conditions, il aurait été imprudent de tenter de transporter les troupes par Thionville sur Longuyon.

VI. — Conduite du maréchal Bazaine du 19 août à la bataille de Noisséville inclusivement.

Après le 18 août, il fallait absolument accorder à l'armée du Rhin quelques jours de repos. On avait livré en cinq jours trois grandes batailles, perdu environ 1,640 officiers et 35.600 hommes, c'est-à-dire 20,35 p. 100 de l'effectif total de l'armée du Rhin, et on se retrouvait six jours après sous les canons des forts de Metz que l'on avait précisément voulu quitter. Le 2e corps avait subi le 16 août, le 6e corps et une partie du 4e corps le 18 août, une défaite complète ; les liens tactiques s'étaient relâchés dans ces corps d'armée et il fallait commencer par les raffermir.

Les autres corps d'armée avaient combattu plus heureusement ; cependant on ne pouvait pas, en fin de compte, se dissimuler qu'on se retrouvait, après trois sanglantes batailles, au point d'où l'on était parti le 14 août, mais avec 1.640 officiers et 35,600 hommes en moins.

Le moral de l'armée française avait été ébranlé par ces tristes événements, bien que l'on fit ressortir avec fierté que dans aucune des batailles on n'avait été complètement battu. L'artillerie avait terriblement souffert. De Montluisant évalue dans son ouvrage : *L'Armée du Rhin, ses épreuves, la chute de Metz*, pages 37 et 163, les pertes de l'artillerie de la garde et des 2e, 3e, 4e et 6e corps à 92 officiers, 1,338 hommes et 1.442 chevaux. Là, ne sont comprises que les batailles des 14, 16 et 18 août, et il n'est pas tenu compte de l'artillerie de réserve de l'armée. Par parenthèse, cette évaluation des pertes concorde d'ailleurs parfaitement avec la nôtre ; si l'on ajoute les pertes de l'artillerie de réserve de l'armée qui sont de 135 hommes, on obtient une perte totale de 1.473 hommes, tandis que nous n'avons compté que 1.467 hommes ; c'est presque exactement le même nombre.

Les munitions devaient être complétées ; on n'avait pas tiré moins de 57.000 coups de canon et 19.000 coups de mitrailleuses, et brûlé pas moins de 3.224.000 cartouches à balles. Il fallait remplacer les attelages d'artillerie, qui avaient subi des pertes terribles ; on avait perdu beaucoup d'effets de campement, tellement que les provisions des arsenaux de Metz ne suffisaient pas pour les compléter et qu'il fallait faire fabriquer de nouveaux effets de campement dans la ville de Metz. Les pertes considérables en officiers avaient porté une atteinte sérieuse à la solidité de beaucoup de corps de troupe ; on fut obligé, pour combler autant que possible les nombreuses vacances, de nommer sous-lieutenants un grand nombre de sous-officiers. Il fallait compléter les vivres et remettre l'habillement en bon état.

Bref, il y avait beaucoup à faire, et pour terminer tous ces travaux, il fallait beaucoup de temps. Il était donc naturel qu'une assez longue période d'accalmie dans les opérations succédât à la période très agitée du 14 au 18 août.

Le maréchal Bazaine adressa le 19 août à l'empereur une dépêche qui, après le rapport sur la bataille du 18 août, s'exprimait en ces termes : « Je compte toujours prendre la direction du nord et me rabattre ensuite par Montmédy sur la route de Sainte-Ménéhould à Châlons, si elle n'est pas fortement occupée ;

dans ce cas, je continuerai sur Sedan et Mézières pour gagner Châlons. »

Un garde forestier porta cette dépêche le 20 août à Verdun, et Mac-Mahon la recevait le 22.

Le 20 août, partit une nouvelle dépêche de Bazaine, adressée cette fois au maréchal Mac-Mahon : « J'ai dû prendre position près de Metz pour donner du repos aux soldats, et les ravitaillements en vivres et en munitions. L'ennemi grossit toujours autour de nous, et je suivrai, très probablement, pour vous rejoindre, la ligne des places du nord et vous préviendrai de ma marche, si je puis toutefois l'entreprendre sans compromettre l'armée. »

Cette dépêche partit en trois expéditions; le 21 août, un agent la porta d'abord à Thionville, d'où elle partit pour Givet et Longwy, tandis que l'original fut remis par deux agents de police au colonel Stoffel, qui occupait une haute situation dans l'état-major de l'armée de Châlons.

Ici, nous touchons encore à un point d'une obscurité mystérieuse. Outre la dépêche citée plus haut adressée au maréchal Mac-Mahon, la communication de Bazaine contenait encore deux autres dépêches qui ne disaient rien, l'une adressée à l'empereur, l'autre au ministre de la guerre. Les trois dépêches étaient chiffrées. Les deux dépêches insignifiantes arrivèrent heureusement; même la communication la plus importante parvint au colonel Stoffel. L'a-t-il transmise ou non au colonel d'Abzac, aide-de-camp du maréchal Mac-Mahon? Le fait n'a pas été prouvé. Ce qu'il y a de certain, c'est que le maréchal Mac-Mahon n'a positivement pas reçu la dépêche; ce qui n'est pas moins certain, c'est que le ministre de la guerre, général de Palikao, qui a reçu l'expédition qui lui était adressée, n'en a pas parlé au maréchal Mac-Mahon.

Nous ne voulons pas fatiguer le lecteur en reproduisant toutes les dépêches qui ont été échangées, dans ces jours malheureux, entre l'Empereur Napoléon, l'Impératrice Eugénie, le ministre de la guerre Palikao, le maréchal Mac Mahon et le maréchal Bazaine; il nous suffit d'établir les faits suivants qui sont prouvés :

1º Le maréchal Bazaine était dans ce temps-là en mesure de faire parvenir à l'Empereur, par une voie sûre, des dépêches authentiques ;

2º Bazaine a fait croire à l'Empereur que l'armée du Rhin prendrait la route de Briey pour se porter vers les places de Montmédy, Sedan, Mézières. Il est cependant très invraisemblable que Bazaine ait eu sérieusement cette intention, comme le démontrent assez clairement les faits ;

3º Il est positif que, dans ce temps-là, des agents pouvaient pénétrer du dehors dans Metz, de sorte que la possibilité d'un échange direct de dépêches entre Bazaine et Mac-Mahon est prouvée d'une manière indiscutable ;

4º Quant à la possibilité de faire sortir l'armée du Rhin ou tout au moins le gros de l'armée du Rhin à l'est de la Moselle dans la direction de Château-Salins, et de l'amener heureusement dans l'intérieur de la France, Bazaine n'y a jamais fait la plus légère allusion, bien que cette voie fût incomparablement plus rationnelle et plus sûre que toutes les autres.

....

Dès le 20 août, l'intendant général Wolff remettait la situation suivante des vivres de l'armée du Rhin, qui était basée sur un effectif de 200.000 hommes et 50.000 chevaux :

    Blé pour 15 jours;
    Farine pour 15 jours;
    Sucre pour 15 jours;
    Café pour 26 jours;
    Viande fraîche pour 6 jours;
    Biscuit pour une demi-journée;
    Riz et haricots pour 5 jours;
    Sel pour 6 jours;
    Lard pour une demi-journée (?);
    Eau-de-vie pour 8 jours;
    Enfin de l'avoine (la ration de 4 kilog.) pour 12 jours.

Maintenant, l'armée du Rhin comptait le 20 août, non pas 200.000 hommes et 50.000 chevaux, mais seulement 145.000 hommes et environ 38.000 chevaux; la question des vivres se présentait donc dans de bien meilleures conditions que ne le supposait l'intendant général Wolff, mais on aurait pu croire que le maréchal Bazaine aurait été poussé par ce rapport sur la situation des approvisionnements, à prendre de promptes décisions. Il n'en fut rien; la tranquillité d'esprit de Bazaine en fut si peu troublée, qu'il ne prit pas une seule fois des mesures pour utiliser pour l'entretien de l'armée les nombreuses localités des environs de Metz. Il y avait dans ces villages des quantités considérables de blé, de paille et de foin, et le 20 août, on avait parfaitement le temps de transporter à Metz la plus grande partie de ces denrées. Les Allemands étaient encore très loin, le 20 août, de pouvoir établir d'une manière efficace, tout autour de de Metz, un investissement sérieux, et, au pis aller, il fallait employer la force pour sauver, dans les villages qui se trouvaient tout près des Allemands, tout ce qui pouvait être sauvé.

D'après des calculs soi-disant exacts, il y aurait eu, rien que dans l'arrondissement de Metz, 40 millions de kilogrammes de blé et 118.900.000 kilogrammes de paille et de fourrage disponibles. En admettant que la moitié seulement de l'arrondissement de Metz fût encore entre les mains des Français, ou tout au moins assez à proximité pour qu'on pût y atteindre, il y avait des avantages considérables à prendre immédiatement possession de ces denrées. Du reste, la Direction de l'armée française aurait dû prendre des mesures de ce genre dès le commencement du mois d'août, et tout au moins après le 6 août, lorsqu'on renonça définitivement à l'offensive. Si la Direction de l'armée française a négligé de prendre ces mesures d'une si haute importance, ce n'est pas la faute de Bazaine. Ce n'est que le 19 août qu'il pouvait s'occuper de la question des approvisionnements ; jusqu'à ce moment, il n'avait pas eu le temps de le faire ; ce n'est d'ailleurs que le 12 août qu'il entra en fonctions comme commandant en chef.

Le général Jarras fait de la question des approvisionnements un tableau différent. Il dit, page 139, que les magasins de Metz renfermaient, au commencement de l'investissement, assez de denrées pour nourrir l'armée pendant tout un mois, mais que, même en réduisant la ration de viande à 240 grammes, on n'aurait eu de la viande fraîche que pour 14 jours.

Le maréchal Bazaine ne restait pas inactif. Il prit au contraire toute une série de mesures importantes. Nous citerons les suivantes :

1° Les munitions devaient être complétées sans retard. Dès le 22 août, le général Soleille rendait compte que les batteries et les parcs étaient au complet en hommes et en munitions; que chaque homme d'infanterie portait sur lui 90 cartouches, que les parcs renfermaient 50 cartouches par homme, et, qu'en outre, il y avait une réserve de 1.300.000 cartouches. Il se produisit, en outre, par l'effet du hasard, une circonstance très heureuse. On trouva dans la gare, sous un monceau de caisses de toute nature, près de 4 millions de cartouches à balles dont personne ne se doutait;

2° Comme le canon rayé de 4 s'était montré très inférieur au canon allemand, on remplaça, autant que possible, les pièces rayées de 4 par des pièces rayées de 12; la valeur de l'artillerie en fut naturellement augmentée ;

3° Pour procurer aux blessés à Metz les soins les plus complets possible, les ambulances divisionnaires furent supprimées, et les ambulances de corps d'armée seules, maintenues. Il en résulta une réduction très notable des équipages;

4° Le licenciement ordonné le 15 août, des voitures organisées non militairement, fut maintenu et les voitures de cantinière même furent supprimées. Les officiers durent porter sur eux les effets les plus indispensables. On obtint, par ces mesures, une diminution très importante des équipages ;

5° Les ponts qui avaient été démontés le 15 août, après le passage des troupes sur la rive gauche de la Moselle, furent rétablis ;

6° Dans tous les régiments, il fut organisé des compagnies, dites de partisans, composées de volontaires, et surtout d'hommes intelligents et adroits et commandés par les officiers les plus aptes et les plus entreprenants.

Bazaine pensait d'ailleurs à la possibilité d'une attaque de vive force de la part des Allemands, et se préoccupait du bombardement des camps autour de Metz et de la ville elle-même, avec de grosses pièces ; il reconnaissait aussi la nécessité d'exécuter quelque grand coup.

Le 23 août, dans l'après-midi (d'après le colonel Lewal), un agent arriva chez le chef du service des renseignements, le colonel Lewal, et lui remit une dépêche du maréchal Mac-Mahon roulée en forme de cigarette. Le colonel Lewal conduisit aussitôt l'agent chez Bazaine, qui ouvrit la dépêche et la lut tout haut ; elle contenait la nouvelle du départ de l'armée de Châlons vers la Meuse. Aussitôt le colonel s'écria : « Monsieur le maréchal, il faut partir tout de suite ». Bazaine répondit : « Tout de suite, c'est bien tôt » ; sur quoi le colonel Lewal dit : « Je veux dire demain ».

Bazaine a prétendu dans le procès de Trianon, avoir reçu cette dépêche, non pas le 23, mais seulement le 29 août : mais le procès a prouvé qu'il y avait là une erreur (involontaire ou intentionnelle) ; la dépêche est bien arrivée le 23 août. Nous ferons connaître plus loin la version différente du général Jarras sur cette affaire.

Le 3ᵉ corps français était déjà passé en entier, le 22 et le 23 août, sur la rive droite de la Moselle; le 24 août, 730 prisonniers allemands non blessés et un certain nombre de prisonniers blessés furent rendus aux armées allemandes d'investissement qui, de leur côté, ne remirent provisoirement que des prisonniers blessés, parce que les prisonniers non blessés avaient déjà été expédiés sur l'Allemagne. On eut dans Metz, par ces prisonniers non blessés, des indications très précieuses sur les positions des Allemands. Le 25 août, un corps de cavalerie fut formé avec la division de cavalerie de la garde et la division de cavalerie de Forton. Le régiment de guides seul resta attaché au corps de la garde.

Le 25 août, vers 8 h. 1/2 du soir, le général Jarras reçut l'ordre d'envoyer le colonel Lewal chez le maréchal Bazaine, ordre qui avait également été donné la veille et avait été aussitôt exécuté. Quelques instants après, le colonel Lewal revint du salon du maréchal et remit au général Jarras les ordres tout préparés pour le rassemblement de l'armée du Rhin, le 26 août, sur la rive droite de la Moselle. Le général chef d'état-major n'avait pas été consulté pour la rédaction de ces ordres qui devait avoir eu lieu dès le 24 août; il n'apprit même que par le colonel Lewal que les ordres avaient été donnés par le maréchal, et ne connut leur teneur que lorsque le colonel Lewal les dicta, sur l'ordre du général Jarras, aux officiers d'état-major réunis à cet effet.

L'armée du Rhin devait se rassembler, le 26 août,

dès le matin, en avant de la ligne château de Grimont-Bellecroix, appuyant sa gauche à la Moselle, sa droite à la grande route de Sarrebrück (*Saarbrücken*). Le 2ᵉ corps d'armée dut traverser Metz, mais y éprouva des retards, parce qu'on n'avait pas placé d'officiers aux portes pour lui indiquer les rues de la ville par lequelles ce corps devait passer. Le 3ᵉ corps put se déployer sans beaucoup de peine, parce qu'il se trouvait déjà sur la rive droite de la Moselle. Le passage sur les trois ponts de l'île Chambière traîna en longueur, parce que les ponts avaient été construits d'une manière si défectueuse qu'ils ne pouvaient porter les lourdes voitures de l'artillerie, etc., etc.; en outre, le corps d'armée de tête, le 4ᵉ corps, qui devait passer sur ces ponts, arriva un peu trop tard. Les corps d'armée suivants, 6ᵉ corps et la garde impériale, furent naturellement retardés; quelques corps de troupe s'impatientèrent et essayèrent de franchir les ponts avant leur tour, ce qui augmenta encore beaucoup le désordre.

Le 2ᵉ corps pouvait se servir, dans Metz, de deux ponts, mais n'en utilisa qu'un; ses équipages s'engagèrent dans les rues étroites et très en pente, qui sont particulières à la ville de Metz, et il en résulta des à-coups. Les corps d'armée qui avaient franchi la Moselle à l'île Chambière, n'avaient pour s'élever sur le plateau du château de Grimont qu'un seul chemin très raide, et il leur fallut près de douze heures pour arriver sur le plateau. La garde impériale ne commença à franchir les ponts que vers midi. Malgré tout cela, les fatigues furent grandes, parce qu'on avait pris les armes de très bonne heure. Une forte pluie, qui tombait sans discontinuer, trempa complètement les troupes et dégénéra en une espèce d'averse qu'un vent impétueux qui l'accompagnait, ne rendait pas plus agréable. Vers 3 heures, l'armée du Rhin n'était pas encore complètement rassemblée, et cependant les premières troupes avaient pris les armes vers trois heures du matin.

Bref, tout allait franchement mal.

Le maréchal Bazaine lui-même n'était monté à cheval que vers 11 h. 1/2 et arriva à Grimont vers 1 heure. Chemin faisant, il dit au général Jarras qu'il avait convoqué les généraux commandants de corps d'armée au château de Grimont pour avoir leur avis.

Pour bien peindre le caractère du maréchal Bazaine, nous devons reproduire ici textuellement deux dépêches qu'il avait expédiées à ce moment-là. L'une était adressée au maréchal Mac-Mahon et était conçue de la manière suivante : « Nos communications sont coupées mais faiblement ; nous pourrons percer quand nous voudrons et nous vous attendons ». Cette dépêche partit *avant* le conseil de guerre de Grimont, dans la matinée du 26 août, à ce qu'on prétend.

La seconde dépêche ne fut envoyée qu'*après* le conseil de guerre de Grimont, et était ainsi conçue : « Toujours sous Metz, avec munitions d'artillerie pour un combat seulement. Impossible, dans ces conditions, de forcer les positions retranchées de l'ennemi. Aucune nouvelle de Paris ni de l'esprit national. Urgence d'en avoir. Agirai efficacement si mouvement offensif à l'intérieur force l'ennemi à battre en retraite ».

Cette seconde dépêche était adressée au ministre de la guerre. Qu'on remarque les fortes contradictions qui existent entre ces deux dépêches qui ne furent expédiées qu'à quelques heures de distance!

Déjà, dans la matinée du 26 août, le gouverneur de Metz, général Coffinières, et le commandant en chef de l'artillerie, général Soleille, s'étaient rendus chez le maréchal Bazaine, au Ban Saint-Martin. Là, le général Coffinières avait exposé au maréchal la situation de la place de Metz et l'avait prié de différer la grande sortie jusqu'à ce que l'armement de la place fût complètement terminé. Bazaine avait d'ailleurs laissé tous ses bagages au Ban Saint-Martin, ce qui était la preuve la plus concluante qu'il ne pensait nullement à percer le 26 août.

Les généraux commandants de corps d'armée s'étaient, conformément aux ordres donnés, réunis au château de Grimont; le général Bourbaki seul manquait, parce que la garde était encore en marche. Le maréchal Bazaine ouvrit la séance en exposant en quelques mots la situation de l'armée du Rhin, et exprima son intention de se porter sur Thionville par la rive droite de la Moselle. Il dit qu'il pensait pouvoir exécuter cette marche de vive force, avant que les Allemands puissent rassembler des forces suffisantes pour lui barrer le passage. L'armée du Rhin devait ensuite, à Thionville, franchir la Moselle sur le seul pont qui s'y trouvait et commencer sa marche sur Montmédy. Là-dessus, le maréchal pria les généraux réunis de lui faire connaître leur avis. Ces avis étaient, en substance, les suivants :

1. *Général Soleille.* — Il rappela l'analogie qui existait entre la situation actuelle et celle de 1814. A cette époque, Napoléon Ier avait voulu se jeter avec les

garnisons des places du nord de la France sur les communications des armées alliées, lorsque celles-ci marchaient sur Paris. Comme Paris n'était pas encore fortifié, ce plan n'avait pu être exécuté. Aujourd'hui que Paris avait des fortifications assez solides, l'armée du Rhin pouvait donc jouer le rôle dont Napoléon voulait alors se charger lui-même. Ce rôle serait d'abord militaire, mais il deviendrait certainement politique. Même dans le cas d'une suite de revers, la possession de Metz et l'armée du Rhin heureusement sauvée dans Metz, assureraient vraisemblablement à la France la possession de la Lorraine. Du reste, l'armée du Rhin n'avait de munitions que pour une bataille, et l'on ne pouvait pas les remplacer avec les ressources de la place. (En réalité, l'armée du Rhin avait encore 100.446 coups de canon, sans compter les cartouches de mitrailleuses, et au moins 18 millions de cartouches à balles.) Si on voulait tenter de percer les lignes d'investissement allemandes, on s'exposait au danger d'épuiser ses munitions et de se trouver sans défense au milieu des armées allemandes. Si, au contraire, on restait dans Metz, on conserverait intacte l'armée du Rhin, et on pourrait, dans le cas d'une retraite de l'armée allemande, changer cette retraite en désastre. L'armée devait attaquer et inquiéter l'ennemi partout sur la ligne d'investissement longue de 50 kilomètres.

2. *Général Frossard.* — Il se rangeait à l'avis du général Soleille; l'armée était, par suite des événements, plus propre à la défensive qu'à l'offensive. Si l'on partait et qu'on éprouvât une défaite, l'armée se disloquerait et il en résulterait des conséquences incal-

culables. Au contraire, dans le cas d'une retraite des Allemands, l'armée du Rhin se montrerait de nouveau à hauteur d'elle-même.

3. *Maréchal Canrobert.* — Il se rangeait à l'avis des deux généraux qui avaient parlé avant lui; mais il fallait que l'armée exécutât constamment de petites et de grandes attaques contre les Allemands. Le départ de l'armée de Metz par une seule route était impossible. Il fallait donc rester à Metz ou si l'on se décidait à partir, laisser dans Metz tous les équipages.

4. *Général Ladmirault.* — On ne pouvait pas, à cause du manque de munitions, exécuter d'opérations de grande envergure.

5. *Maréchal Lebœuf.* — Il protesta d'abord très vivement contre l'accusation dont il était l'objet, d'être cause de la marche des événements. Pour le moment, la conservation de l'armée du Rhin était le plus grand service qu'on pût rendre à la France; mais comment pourrait-on y arriver sans vivres?

6. Le *général Bourbaki*, qui était arrivé sur ces entrefaites, dit qu'il aurait désiré que l'armée partît par Château-Salins, mais que si l'on n'avait pas de munitions, cela n'était pas possible naturellement.

7. *Général Coffinières.* — Il déclara que les forts de la place n'étaient pas encore en assez bon état de défense pour pouvoir résister à un siège régulier de plus de 14 jours. L'armée devait donc rester à Metz.

Là-dessus commença une discussion, de laquelle il ressortait que l'avis était qu'on avait beaucoup trop de cavalerie, qui deviendrait très gênante par suite du manque de fourrages. Il fallait donc employer la cavalerie, de concert avec les compagnies de partisans, à des entreprises contre l'ennemi.

. . . .

On avouera que le conseil de guerre avait été tenu par le maréchal Bazaine d'une façon tout à fait extraordinaire. Pas un mot de la marche de l'armée de Châlons pour délivrer l'armée du Rhin ! On n'y trouve pas la moindre allusion aux projets du maréchal Mac-Mahon. Par contre, Bazaine portait tout de suite à la connaissance de ses auditeurs un programme absolument impraticable. Si l'armée du Rhin arrivait réellement à Thionville, comment ferait-elle pour déboucher au delà de Thionville? Qu'on s'imagine combien il aurait fallu de temps à l'armée du Rhin pour franchir la Moselle sur le seul pont de Thionville!

Pendant ce temps, les Allemands pouvaient tout à leur aise se porter également sur Thionville par la rive gauche de la Moselle, et là barrer le passage à l'armée française. La réussite du départ de l'armée du Rhin pour Thionville devait avoir nécessairement pour conséquence son entière destruction, si les Français ne réussissaient pas à battre et à écraser les Allemands. Mais il n'y avait pas pour cela la moindre chance de succès; au contraire, une bataille près de Thionville aurait donné aux Allemands, dès le début, la plus belle perspective d'un succès grandiose. L'idée du maréchal Bazaine doit donc être considérée comme complètement fausse; on doit même douter qu'il l'ait eue sérieusement. L'affaire ne pouvait offrir quelque chance de succès que si l'armée de Châlons se portait par l'ouest sur Thionville et si les Allemands se trouvaient pris entre deux feux. Mais il n'a pas été fait la moindre allusion à cette supposition, que l'armée du Rhin pouvait espérer la coopération de l'armée de Châlons.

Immédiatement après, le général Soleille fit une peinture lamentable de la situation militaire. Mais cette peinture navrante était également fausse, car l'armée du Rhin avait encore largement des munitions pour pouvoir risquer une bataille décisive. Il est certain que les commandants de corps d'armée ont été influencés défavorablement par le prétendu manque de munitions. Mais il est étrange que pas un seul général n'ait insisté pour avoir des preuves précises sur la situation des munitions, bien que chaque commandant de corps d'armée dût savoir, au moins pour son propre corps, que, contrairement aux assertions du général Soleille, il avait encore largement des munitions. Bazaine n'avait sans doute pas communiqué le rapport très tranquillisant du général Soleille, du 22 août, d'une manière assez claire pour que l'importance de ce rapport fût reconnue partout, bien que le général Soleille l'eût demandé lui-même : « Pour relever le moral des troupes, je pense, Monsieur le maréchal, qu'il ne serait pas inutile que l'armée sût qu'elle est aujourd'hui, 22 août, complètement réapprovisionnée et prête à marcher. »

Amédée Le Faure dit dans son *Histoire de la guerre franco-allemande*, 1re partie, page 152 : « Ce conseil si sage du général Soleille ne fut pas suivi ; l'armée ne fut pas instruite de l'heureuse nouvelle ; l'état-major se borna, *sur l'ordre du maréchal*, à introduire au milieu de prescriptions diverses, un mot de cette question qui devait malheureusement passer inaperçue. »

N'en arrive-t-on pas involontairement à penser que le maréchal Bazaine a caché intentionnellement à l'armée cette certitude si tranquillisante de l'existence de munitions en quantité suffisante? Mais comment, d'autre part, concilier l'avis du général Soleille, le 26 août, avec son rapport du 22 août? On se heurte partout ici à des points obscurs. Ceux qui sont portés à toujours supposer le mal chez l'homme ont une belle occasion pour soupçonner Bazaine.

Pour permettre à nos lecteurs de se faire un jugement objectif, nous reproduisons ici un extrait de l'ouvrage de V. D. sur la guerre de 1870-71, qui caractérise très bien la manière de voir qui régnait dans les cercles dirigeants de l'armée du Rhin. V. D. dit : « La guerre devait être de courte durée, témoin 1866; un coup décisif allait sans doute être frappé dans les plaines de Châlons ou sous les murs de Paris; après quoi, l'on traiterait et les chefs de l'armée de Metz qui s'était vaillamment battue sans se laisser entamer, auraient encore tout l'honneur de la campagne, puisque partout ailleurs on avait été vaincu. De plus, ils ramèneraient à la France une solide armée qu'ils auraient su conserver intacte, malgré l'immense supériorité de l'ennemi. Tout le monde s'était affaissé sous le coup de grands malheurs. »

Les événements ont prouvé que les vues des cercles dirigeants de l'armée du Rhin étaient erronées; mais il ne s'ensuit pas, qu'il faille aussitôt prononcer le mot de trahison. Bazaine était un petit esprit; il espérait, après la fin de la guerre, jouer un grand rôle, et pensait très justement que ce rôle serait d'autant plus grand que l'état de l'armée du Rhin serait meilleur, lors de la fin — que l'on devait supposer très prochaine — de la guerre. C'était certainement là une pensée égoïste; mais ce n'était pas une trahison.

Cette averse qui tombait du ciel arriva fort à propos pour le maréchal Bazaine. Par un pareil temps, une opération sur Thionville offrait beaucoup moins de chances de succès que si elle avait eu lieu par un beau soleil. Le résultat final fut l'ordre de rentrer dans les camps; seul le 2e corps resta tout à fait sur la rive droite de la Moselle entre Sablon et Montigny, pendant que le 3e corps devait aller camper entre les forts de Saint-Julien et de Queuleu.

Nous connaissons déjà la dépêche que Bazaine envoyait au ministre de la guerre après le conseil de guerre du 26 août. Plus le sentiment public en France avait été fier et orgueilleux au début de la guerre, plus le découragement était grand après tous les échecs éprouvés. Tout d'abord on faisait trop peu de cas de l'armée allemande; maintenant on la prisait trop haut. On était pleinement convaincu de l'inutilité de la continuation de la guerre; on se rendait bien compte que l'armée française devait subir une réorganisation complète pour pouvoir contrebalancer la prépondérance des armées allemandes et surtout des armées prussiennes. On se disait du reste, en général : « C'est une affaire à recommencer. »

Quant au maréchal Bazaine lui-même, il ne voulait pas quitter Metz; c'était manifeste. Il ne contribua pas le moins du monde, au conseil de guerre du 26 août, à relever le moral ébranlé de ses généraux; on peut plutôt affirmer le contraire. Les Français appellent le 26 août « la journée des dupes », et ils ont raison.

L'entreprise du 26 août était donc, dans le vrai sens du mot, tombée dans l'eau. Les troupes françaises, complètement trempées, rentraient dans leurs camps dans des dispositions d'esprit peu riantes, et c'était pour elles une maigre consolation que de savoir que les Allemands étaient aussi complètement mouillés qu'eux.

Le seul avantage que l'on avait retiré à Metz du 26 août, c'était d'avoir reconnu les difficultés que présentait, pour l'armée du Rhin, le passage de la Moselle et le maintien du 2e corps sur la rive droite de la Moselle.

On ne voit pas bien pourquoi on ne porta pas également le 4e corps sur la rive droite de la Moselle. Il aurait été ainsi plus facile de faire apparaître à l'improviste de grandes masses sur la rive droite de la Moselle, et les deux passages du 14 et du 16, ainsi que celui du 26 août, avaient surabondamment démontré qu'il fallait au moins une demi-journée pour déployer l'armée du Rhin, si l'on ne préparait pas d'une manière complète et si on ne facilitait pas le plus possible son rassemblement. Ces faits eux-mêmes prouvent clairement que Bazaine ne voulait pas quitter Metz.

Mais l'opération du 26 août avait éveillé fortement l'attention des Allemands sur le danger d'une sortie dans la direction de Thionville par la rive droite de la Moselle. On ne retrouverait pas une situation aussi favorable que le 26 août; c'était facile à prévoir.

Le 28 août, les troupes françaises reçurent enfin l'ordre d'utiliser, au moins en partie, pour se loger, les maisons disponibles et les villages. Le grand quartier général du Ban Saint-Martin fut relié télégraphiquement avec les quartiers généraux des corps d'armée. Le 29 août, un agent apporta de Thionville la dépêche suivante à Metz :

> Général Ducrot, commande corps Mac-Mahon ; il doit se trouver aujourd'hui 27 août, à Stenay, gauche de l'armée. Général Douay, à la droite, sur la Meuse. Se tenir prêt à marcher au premier coup de canon.

Il nous faut maintenant revenir au général Jarras, pour ne pas priver le lecteur de l'opinion de ce général. Jarras dit que le colonel Lewal ne lui a fait connaître *qu'après* le 10 octobre que le maréchal Bazaine avait reçu dès le 23 août la dépêche en question ; le maréchal Canrobert a également déposé devant le conseil de guerre de Trianon que ce n'est que très tardivement qu'il avait eu connaissance de ce fait par le colonel Lewal, mais qu'il ne pouvait pas préciser la date ; enfin, le commandant Samuel a affirmé, dans sa déposition, que le colonel Lewal ne lui avait fait cette communication confidentielle que lorsqu'ils étaient ensemble en captivité. Le général Jarras croit que le récit du colonel Lewal lui a été inspiré par la passion, et regarde comme presque impossible qu'un maréchal de France ait pu agir de la sorte.

Cet essai du général Jarras de disculper le maréchal Bazaine après sa mort (on sait que les *Souvenirs du général Jarras* n'ont été publiés qu'après sa mort, par les soins de sa veuve) témoigne du caractère élevé de ce général et lui fait le plus grand honneur, d'autant plus que c'était précisément le général Jarras qui avait le plus à souffrir des « bizarreries » du maréchal. Les débats de Trianon jettent du reste un vilain jour sur le maréchal et il est peu probable que Bazaine aurait été loin de montrer des sentiments aussi élevés que son chevaleresque chef d'état-major.

D'autre part, ce serait prêter au colonel Lewal un acte indigne et criminel, que d'admettre qu'il ait pu réellement inventer de toutes pièces cette affaire du 25 août qu'il a racontée dans tous ses détails. Nous ne croyons pas en avoir le droit; du reste, le récit de Lewal concorde parfaitement avec la conduite louche de Bazaine et son caractère concentré.

Le général Jarras dit ensuite qu'il a reçu, le 23 août, dans la matinée, de Bazaine, l'ordre de porter à la connaissance de l'armée du Rhin, qu'elle était de nouveau approvisionnée aussi largement en munitions qu'au début de la guerre; qu'il avait exécuté cet ordre en insérant la communication dont il s'agit, dans une note-circulaire relative à des questions d'artillerie; que ce n'était qu'après l'envoi de cette note-circulaire qu'il avait reçu la lettre du général Soleille, lettre que le maréchal avait jusque-là conservée dans son cabinet; qu'il avait considéré comme inutile de porter particulièrement à la connaissance de l'armée, le texte même de cette lettre.

Cette explication est tout à fait vraisemblable; mais si Bazaine avait réellement attaché une grande importance à relever le moral de l'armée en lui donnant connaissance de la joyeuse communication faite par la lettre du général Soleille, il aurait transmis *à temps* cette lettre à son chef d'état-major, ce qui n'a pas eu lieu. Du reste, plusieurs commandants de corps d'armée de l'armée du Rhin ont déposé devant le conseil de guerre de Trianon, qu'ils savaient très bien, le 25 août, que leurs troupes étaient largement approvisionnées en munitions. Il ne peut donc subsister aucun doute sur la sincérité de ces dépositions; mais il n'en est que plus étrange que ces généraux commandants de corps d'armée n'aient pas, au conseil de guerre du château de Grimont, contredit énergiquement le général Soleille.

Le lecteur peut donc se former lui-même son jugement sur ce point. Notre opinion personnelle est que le maréchal Bazaine avait bien reçu, le 23 août, la dépêche plusieurs fois mentionnée, mais qu'il avait observé à cet égard le silence le plus absolu vis-à-vis de tout le monde, excepté le colonel Lewal. Nous croyons que Bazaine n'avait aucune confiance dans l'armée de Châlons et qu'il ne voulait pas, en communiquant cette dépêche, surexciter inutilement l'opinion publique, et cela d'autant moins qu'une grande surexcitation de l'opinion publique aurait exercé une forte pression sur ses résolutions, tandis que son but était tout simplement de conserver l'armée du Rhin le plus intacte possible jusqu'à la conclusion de la paix qu'il espérait devoir être prochaine. Les événements du 26 août et surtout la conduite de Bazaine pendant la bataille de Noisseville, ne peuvent que confirmer l'opinion que nous venons d'exprimer.

Revenons maintenant aux événements.

Le 29 août au soir, le maréchal avait entre les mains la dépêche du général Ducrot, du 25 août, que nous avons déjà communiquée. Maintenant l'inaction de l'armée du Rhin ne pouvait pas durer plus longtemps. Les commandants de corps d'armée reçurent donc, le 30 août, dès le matin, l'ordre de Bazaine de se tenir prêts pour une opération qui commencerait peut-être entre midi et 1 heure. On devait distribuer immédiatement aux troupes du biscuit et du lard pour deux jours.

Mais déjà, à 10 heures, il y avait contre-ordre, et ce n'est que dans la soirée du 30 août que furent donnés les ordres pour la sortie contre la position Failly - Servigny - Noisseville - Montoy.

Il s'ensuivit la bataille de Noisseville des 31 août et 1er septembre. Le récit détaillé de cette bataille ne rentre pas dans le cadre de ce livre. Nous renvoyons du reste à notre brochure sur cette bataille. Nous nous bornerons à quelques remarques :

1. L'ordre de l'armée pour la grande sortie du 31 août était fait avec beaucoup plus de soin et beaucoup mieux conçu que les ordres précédents. On avait, cependant, malgré les avertissements des officiers d'état-major, négligé un point très important. Sur le ruisseau de Vantoux (*Vantoux*) il n'y avait qu'un seul pont, sur lequel passe la route de Metz au plateau de Saint-Julien. Il ne servait pas à grand'chose aux corps d'armée restés sur la rive gauche de la Moselle, de pouvoir franchir la Moselle sur trois points ; plus loin, tout venait se presser en une seule, énorme colonne, qui devait passer sur le seul pont du ruisseau de Vantoux. On pouvait parfaitement remédier à cet inconvénient en jetant plusieurs ponts sur ce ruisseau et en établissant deux chemins de colonne pour gagner le plateau de Saint-Julien, mais on ne le fit pas et on se borna à diriger une partie du 4e corps par la route Vallières (*Vallières*) - Vantoux - Mey, ce qui dégagea au moins un peu la route de marche proprement dite ;

2. Le déploiement de l'armée du Rhin sur la rive droite de la Moselle se fit encore cette fois, bien que les dispositions eussent été beaucoup mieux prises et que le 2⁰ corps se trouvât déjà en entier sur la rive droite de la Moselle, avec une extrême lenteur. Le 3⁰ corps, en entier, était bien rassemblé dès 8 heures du matin, mais le corps de cavalerie de réserve ne put commencer que vers 5 h. 35 de l'après-midi à franchir le bras est de la Moselle. L'état-major français ne s'était donc pas trompé dans ses calculs de moins de sept heures et demie ;

3. Dès que les troupes avaient pris leurs positions de combat, elles devaient faire le café ! Il faut avouer que c'était un singulier prélude pour une grande tentative de sortie;

4. Le maréchal Bazaine n'arriva sur le champ de bataille qu'avec les têtes du 6⁰ corps, réunit de nouveau, vers 1 heure de l'après-midi, les commandants de corps d'armée dans le château de Grimont, et leur communiqua seulement alors les dépêches qu'il avait reçues le 29 et le 30 août. Nous connaissons déjà la première ; la seconde dépêche était datée du 22 août, mais n'était parvenue de Verdun au maréchal que le 30 août. C'était cette dépêche qui avait immédiatement déterminé Bazaine à livrer la bataille de Noisseville, et mis fin à tout retard ; elle était conçue de la manière suivante :

Reçu votre dépêche du 19 ; je suis à Reims, je marche dans la direction de Montmédy. Je serai après-demain (24 août) sur l'Aisne, d'où j'opérerai suivant les circonstances pour venir à votre secours.
MAC-MAHON.

Bazaine donna alors ses ordres pour l'attaque, fit

construire une batterie pour 6 pièces rayées de 12, et une batterie pour 3 pièces rayées de 24, parcourut à cheval les positions du 4ᵉ corps, et ne donna qu'à 4 h. 10 de l'après-midi le signal pour commencer l'attaque.

L'armée du Rhin était, depuis le matin, en train de se déployer ; maintenant, on laissait aux Allemands jusqu'à 4 heures de l'après-midi, le temps nécessaire pour prendre leurs dispositions pour répondre à l'attaque. Est-ce là une manière de préluder à une tentative sérieuse de sortie ?

5. Pendant la bataille de Noisseville, Bazaine s'est abstenu de toute direction du combat. Là où l'on a attaqué sérieusement, cela s'est fait par l'initiative des généraux français. Il n'y a pas eu seulement la moitié des troupes françaises disponibles de sérieusement engagées ; Bazaine resta sur le champ de bataille comme spectateur inactif, ne s'occupa que de détails accessoires, s'exposa bravement de sa personne au feu, mais ne fit rien pour faire sentir son action comme général en chef.

En même temps, l'aile décisive des Français, l'aile droite, n'était que faiblement constituée comme forces, tandis qu'au centre et à l'aile gauche de l'armée du Rhin, des masses étaient entassées sans avoir l'espace nécessaire pour se déployer. Comme d'habitude, Bazaine rejeta l'insuccès de l'opération sur ses subordonnés. Cette fois, ce fut le général Fauvart-Bastoul qui fut choisi pour bouc émissaire ; c'était sa retraite qui avait entraîné la retraite du 3ᵉ corps, et, par suite, fait échouer la grande tentative de sortie.

Nous résumons notre jugement de la manière suivante : le maréchal Bazaine avait été forcé par les dépêches des 29 et 30 août, d'entreprendre quelque chose ; sa confiance dans le succès de l'armée de Châlons était cependant, après comme avant, très faible. Dans ces conditions, ce qu'il croyait de mieux à faire, c'était d'attirer le plus possible de forces allemandes sur la rive droite de la Moselle. Plus il laisserait de temps pour cela aux Allemands, plus ces troupes pourraient se porter en grand nombre sur la rive droite de la Moselle. Si l'armée de Châlons venait réellement à se montrer sur la rive gauche de la Moselle devant les armées allemandes d'investissement, la lutte serait d'autant plus facile pour elle que les Allemands disposeraient de moins de troupes de ce côté. Par suite, un déploiement lent de l'armée du Rhin, sur la ligne château de Grimont-Bellecroix-Colombey, et un retard dans l'attaque, convenaient très bien au plan de Bazaine.

Si l'armée de Châlons ne se montrait pas à l'ouest ou au nord-ouest de Metz, l'armée du Rhin pouvait rentrer tranquillement dans ses camps, et cela lui serait d'autant plus facile que le combat aurait été engagé moins sérieusement.

Quant à percer réellement dans la direction de Thionville, le maréchal Bazaine n'y a, à notre avis, pas pensé un seul instant. Il ne croyait pas à la marche victorieuse de l'armée de Châlons, et il avait raison ; il voulait marcher *sûrement* et était décidé à n'engager, dans aucun cas, la belle armée du Rhin, dans une entreprise aventureuse, dont les suites pouvaient être malheureuses. C'est d'après ce principe qu'il a agi, et si l'Empereur Napoléon avait conclu la paix avec l'Empereur Guillaume à Sedan, Bazaine aurait été un grand homme, et aurait eu l'armée du Rhin encore en très bon état à sa disposition pour écraser la révolution et rétablir son souverain sur le trône. Dans ce cas, la reconnaissance la plus vive de l'Empereur ne pouvait lui faire défaut, et le maréchal aurait obtenu tout ce qu'il désirait : la situation incontestablement la plus haute après l'Empereur, de la gloire et des honneurs en abondance, et avec cela, de grandes richesses.

Les calculs de Bazaine étaient faux. L'Empereur Napoléon ne conclut pas la paix, mais se rendit simplement avec toute son armée ; l'Impératrice Eugénie s'enfuit au plus vite de France et le trône de Napoléon s'écroula.

Personne ne peut savoir si le maréchal Bazaine a conçu, dans son for intérieur, des plans encore plus vastes. Sa conduite nous semble avoir été suffisamment déterminée par les mobiles que nous avons indiqués plus haut, et nous laissons au lecteur le soin de creuser plus profondément ce sujet. Nous ne voulons pas manquer cependant de citer ici quelques paroles que dit V. D. (*Guerre* de 1870, p. 366) : « Quand les grands de la terre voient s'effondrer tout-à-coup un régime qui, pendant vingt ans, a flatté leur ambition et créé de nouvelles dignités pour trouver des soutiens, l'horizon disparaît à leurs yeux ; le devoir, la patrie, les sentiments élevés qui ennoblissent l'homme et élèvent sa valeur morale, disparaissent dans un nuage confus, où les débris de l'intérêt personnel attirent seuls les regards de l'égoïsme déçu. En 1870, comme en 1814, les dignitaires de l'Empire, voyant s'écrouler leurs espérances, pensaient moins à la

France envahie qu'au moyen de retrouver leurs honneurs, et souvent ne s'en doutaient pas eux-mêmes. Mais leurs propos, leurs conversations, qu'on se répétait, leurs illusions qu'ils exprimaient tout haut, et que l'inférieur écoutait en silence, le désespoir dans l'âme, ne laissaient aucun doute sur leurs pensées intimes ».

VII. — Comment Bazaine pouvait-il mieux agir dans l'intérêt de la France ?

On sait que le maréchal Bazaine, dans ses dépêches à l'Empereur Napoléon et au maréchal Mac-Mahon lui-même, a exprimé son intention de se porter en quittant Metz, sur Montmédy et Mézières. Il est clair que la direction des armées françaises a dû être poussée par ces dépêches à cette marche fatale de l'armée de Châlons, qui finit à Sedan.

Bazaine a donc, quoique indirectement, contribué puissamment à amener la catastrophe de Sedan, bien qu'il n'ait pas, c'est indiscutable, souhaité cette catastrophe.

Il faut considérer comme absolument malheureuse l'intention de Bazaine de se porter, en quittant Metz, sur Montmédy. Les armées allemandes n'occupaient, jusqu'au 1ᵉʳ septembre, que faiblement la rive droite de la Moselle près de Metz, et avaient, au contraire, rassemblé le gros de leurs forces sur la rive gauche, de sorte que ces forces pouvaient s'opposer au départ de l'armée dans la direction nord-ouest.

La répartition des armées allemandes autour de

Metz était connue, à grands traits, du maréchal Bazaine; les Français le reconnaissent franchement et loyalement ; le général Jarras lui-même ne laisse subsister aucun doute à ce sujet. En tout cas, cette affirmation n'est complètement vraie que pour jusqu'au moment qui précède immédiatement la bataille de Noisseville, aussi longtemps que les parlementaires français purent, tout autour de Metz, négocier sans être gênés en rien, avec les officiers allemands, pour l'échange de blessés et de prisonniers ; mais plus tard, et déjà *avant* le 1ᵉʳ septembre, le prince Frédéric-Charles, reconnaissant très judicieusement les dangers croissants qu'il y avait à tolérer, comme on l'avait fait jusqu'ici, ces parlementaires, affecta *exclusivement* la route de Moulins à Ars-sur-Moselle au service des parlementaires. En tout cas, les Français purent encore, par la suite, se procurer, soit à l'aide de leurs observatoires, soit par les combats d'avant-postes et les prisonniers qui y étaient faits, soit par des agents et des habitants du pays, des renseignements sur la répartition des troupes allemandes.

Quoiqu'il en soit, le maréchal Bazaine était, à la fin d'août, parfaitement au courant de la répartition des forces allemandes autour de Metz. Il apprit, par exemple, le 30 août, par l'agent qui apportait de Verdun la dépêche de Mac-Mahon du 22 août, que deux corps d'armée d'investissement étaient partis dans la direction ouest et obtint de cet agent très adroit des renseignements très précis. Bazaine devait bien savoir que les Allemands prenaient très au sérieux le danger d'une tentative de sortie de l'armée du Rhin, par la rive gauche dans la direction de Metz à Château-Salins. Il en était ainsi le 19 août, et cela resta de même jusqu'à la bataille de Noisseville.

Il aurait donc été sage de la part de Bazaine d'écrire dès le 19 août, à l'Empereur Napoléon, ainsi qu'au maréchal Mac-Mahon et au ministre de la guerre, à peu près ce qui suit : « J'ai besoin de 8 à 10 jours pour réapprovisionner l'armée en munitions, compléter les cadres, remplacer les attelages de l'artillerie, etc., etc. Je laisserai alors dans Metz une forte garnison, et je me porterai par le sud-ouest de Metz sur Château-Salins et de là sur Epinal. Je n'ai pas besoin de secours; cependant il est nécessaire que les Allemands soient trompés par de faux bruits et autres mesures, afin de les amener à affaiblir l'armée d'investissement de Metz. Je vous demande donc instamment de ne faire aucune tentative pour me dégager, parce que cela ne pourrait qu'amener des dangers inutiles. J'espère accomplir ma marche sur Château-Salins sans secours étrangers et sans de trop grandes difficultés, mais je vous demande d'accumuler à temps des provisions de vivres, et de tenir du matériel de chemin de fer prêt, dans la région d'Epinal. »

Revenons maintenant aux Allemands.

Au quartier général du prince Frédéric-Charles, on évaluait la force de l'armée du Rhin, le 19 août, à 120.000 hommes en nombre rond, par conséquent à 25.000 hommes de moins qu'elle ne l'était réellement. On supposait que l'armée du Rhin essaierait de percer soit dans la direction de Thionville, par les deux rives de la Moselle, soit vers l'ouest, soit par le sud, dans la direction de Pont-à-Mousson, le long de la Moselle, soit enfin dans la direction de Remilly, grand centre d'approvisionnement de l'armée d'investissement. On avait donné, pour tous ces cas, des directives pour s'opposer à temps et d'une manière efficace aux projets de l'ennemi. On avait encore ajouté : « Si toutes les forces ennemies se portent contre les troupes d'investissement pour exécuter une vaste opération dans une autre direction, ces troupes devront céder et éviter de s'engager sérieusement contre des forces supérieures. »

Le prince Frédéric-Charles considérait personnellement le côté nord de Metz comme la direction la plus vraisemblable pour une tentative de sortie des Français, et avait été confirmé dans cette manière de voir par la faible quantité de troupes qui occupaient la partie sud de Metz.

Les observatoires allemands avaient été pourvus de bonnes lunettes et rendaient des services remarquables; les quartiers généraux des commandants de corps d'armée avaient été reliés entre eux et avec ceux du grand quartier général par le télégraphe; des fortifications en terre, des abatis, des abris de tirailleurs, des épaulements de batteries, des villages organisés défensivement, procurèrent petit à petit, aux troupes les plus avancées, l'avantage d'une excellente position défensive; cependant, il fallait encore beaucoup de temps pour que ces travaux défensifs fussent terminés. Pendant la nuit, on comptait sur l'ouïe et on était aidé très efficacement par le vacarme que font habituellement les Français et par le bruit de nombreux signaux qui se font entendre dès que, du côté des Français, on se prépare à une affaire.

On comptait d'ailleurs sur l'aptitude à la marche

bien connue des troupes allemandes et on espérait, par suite de l'existence de nombreux et bons chemins, et des ponts qui avaient été construits en grand nombre sur la Moselle même, pouvoir s'opposer à temps à toute tentative sérieuse pour percer.

Nos considérations suivantes ont, comme toutes les recherches qui sont faites après les opérations militaires, un grand défaut. Nous savons bien comment les troupes allemandes étaient réellement réparties, mais nous ne savons pas quelle aurait été cette répartition si le maréchal Bazaine avait, dès le début, pris des dispositions convenables pour préparer une tentative de sortie dans la direction de Château-Salins.

Dans ce cas, il aurait fallu absolument que l'armée du Rhin se jetât, dès le point du jour, avec une grande supériorité de forces et aux points décisifs, sur les avant-postes allemands, afin de ne pas perdre le bénéfice de la surprise. Une telle surprise n'aurait été possible, que si elle avait été préparée d'une manière efficace par la répartition des troupes françaises tout autour de Metz. Si cette répartition de troupes prenait au sud de Metz un caractère menaçant, on doit supposer avec toute certitude, que le prince Frédéric-Charles aurait pris en temps opportun des contre-mesures efficaces.

Il s'ensuit que Bazaine aurait bien fait de répartir ses troupes tout autour de Metz, d'après la configuration du terrain, de façon que l'on ne pût tirer de cette répartition aucun indice de menace d'attaque dans une direction quelconque. De nombreux ponts sur les différents bras de la Moselle et de nombreux chemins de colonne devaient faciliter le passage d'une rive sur l'autre.

Les pertes de l'armée du Rhin, dans les trois grandes batailles sous les murs de Metz, avaient affaibli l'armée du Rhin de plus de 37.000 hommes et, par suite, beaucoup diminué les difficultés d'un départ. Maintenant, il fallait, de plus, laisser dans Metz une forte garnison ; il fallait, en outre, couvrir efficacement les deux flancs de l'armée qui allait percer contre l'offensive des Allemands. Pour y arriver, ce qu'il y avait de mieux à faire, était d'attaquer en force les Allemands à droite et à gauche de la direction de marche qui aurait été choisie, et de paralyser ainsi leur offensive. On pouvait admettre d'une manière certaine que les troupes employées sur les deux flancs à l'attaque des positions allemandes, auraient à livrer de violents combats, que les Allemands se renforceraient d'heure en heure devant ces troupes et que, par suite, la situation de ces flanc-gardes de l'armée du Rhin deviendrait d'heure en heure plus critique. D'un autre côté, il ne fallait à aucun prix laisser aux Allemands la possibilité de pénétrer brusquement jusqu'aux colonnes de marche de l'armée du Rhin, et c'était encore en prenant vigoureusement l'offensive qu'on y arrivait le mieux.

Nous croyons donc que le maréchal Bazaine devait, dès le début, renoncer à sauver l'armée du Rhin tout entière, même en défalquant une ou deux divisions laissées à Metz comme garnison, et à la ramener à l'intérieur de la France. Il aurait été bien préférable de partager l'armée en deux parties : la plus grande désignée pour partir ; la plus petite, mais encore forte néanmoins, destinée à couvrir ce départ par une vigoureuse offensive et à servir ensuite de garnison à Metz.

Les troupes désignées pour le rôle de flanc-gardes auraient évidemment à soutenir des combats très violents et éprouveraient, par suite, des pertes très sérieuses. On peut donc se demander s'il fallait choisir de préférence, pour le gros de l'armée qui devait partir, les troupes qui avaient été jusque-là les moins éprouvées ou bien, au contraire, destiner ces troupes au rôle de flanc-gardes, parce que c'est chez elles qu'on penserait trouver le plus d'ardeur au combat. Mais il y avait un point sur lequel il ne pouvait exister aucun doute ; c'est que presque toute la cavalerie et aussi la masse de l'artillerie de campagne devait être désignée pour partir.

Nous ne voulons pas nous engager dans ces combinaisons hasardées et nous laissons au lecteur la solution de cette intéressante question. Nous sommes d'avis, quant à nous, que dans ces deux décisions, il y avait du pour et du contre. Nous supposons qu'on ne ne se serait pas décidé volontiers à disloquer des unités tactiques qui avaient déjà fait leurs preuves dans plusieurs batailles, et que l'on désignerait par suite de grandes unités tactiques pour servir de flanc-gardes et ensuite de garnison à Metz, par exemple, le 2e et le 6e corps ; le maréchal Canrobert aurait été alors nommé gouverneur de la place de Metz et de toute la garnison.

On aurait obtenu ainsi de l'unité dans la direction des opérations et on aurait en même temps employé au rôle de flanc-gardes des troupes suffisantes pour assurer convenablement le départ du reste de l'armée du Rhin, ainsi que nous allons le démontrer. Comme, après le départ de l'armée du Rhin, on n'avait besoin dans Metz que de peu de cavalerie, on pouvait attacher au 6e corps la brigade de chasseurs du 2e corps et laisser au général Frossard la brigade de dragons du 2e corps et le 3e régiment de lanciers. La division Laveaucoupet devait être appelée à prendre part aux opérations décisives et on pouvait, sans danger, laisser la garde des forts de Metz aux quatre bataillons de nouvelle formation (ils avaient été formés avec les réservistes du 5e corps arrivés à Metz), et aux deux 4es bataillons des 44e et 60e de ligne, tandis que les gardes mobiles et la garde nationale étaient suffisants pour garder pendant un jour les remparts de la ville.

Le 6e corps devait être pourvu d'une nombreuse artillerie; chacune des trois divisions aurait reçu trois batteries et le corps d'armée une artillerie de réserve de six batteries. Comme il n'était arrivé à Metz que sept batteries du 6e corps, il fallait prendre ailleurs huit batteries : le plus simple était de les emprunter à l'artillerie de réserve de l'armée qui pouvait donner quatre batteries à cheval et quatre batteries de 12, de sorte qu'il en restait encore pour partir, juste la moitié de l'artillerie de réserve de l'armée.

En constituant de cette façon les 2e et 6e corps, ils auraient eu, défalcation faite des pertes subies jusque-là, en nombres fortement arrondis et sans compter les officiers, à peu près la force suivante :

2e corps, 29.400 hommes, y compris la division Laveaucoupet.
6e —   24.500   —

Le 9e de ligne qui, on le sait, représentait seul à

Metz la 2ᵉ division du 6ᵉ corps, mais qui avait perdu près de 1.000 hommes, pouvait encore être employé à la garde des forts de Queuleu et de Saint-Julien, ce qui aurait diminué la force du 6ᵉ corps de 1.250 hommes.

On pourrait objecter que la garnison de Metz, aurait, dans ces conditions, été encore si forte que la faim l'aurait, à bref délai, forcée à capituler. Cela n'est pas exact. D'abord, les violents combats que les 2ᵉ et 6ᵉ corps auraient à soutenir pour couvrir le départ du gros de l'armée du Rhin, amèneraient de très grandes pertes non seulement en morts, blessés, mais aussi en prisonniers, pertes que, en raison de l'énergie indiscutable de la Direction de l'armée allemande et de l'excellence des troupes allemandes, on peut, sans exagération, évaluer à 10,000 hommes; en outre 96,000 hommes, et en y comprenant les officiers, 100,000 hommes en nombre rond de l'armée du Rhin, seraient partis. Si l'on admet que la sortie avait lieu le 28 août et que les troupes emportaient en partant pour quatre jours de vivres, la question de l'alimentation se présente de la manière suivante :

L'armée du Rhin a, en réalité, vécu jusqu'au 28 octobre inclus, avec les approvisionnements de la ville et de la place de Metz. Si 100,000 hommes partaient le 28 août avec des vivres pour quatre jours, il fallait dans Metz 100,000 rations de moins pendant 58 jours, sans compter les pertes sérieuses des 2ᵉ et 6ᵉ corps qui auraient également rendu plus facile la question des approvisionnements. Il aurait donc fallu 5,800,000 rations de moins qu'il n'en a été consommé en réalité, et la durée des approvisionnements pour la garnison et les habitants de Metz aurait été augmentée d'autant de rations.

Il y avait à Metz 70,000 habitants à nourrir; il fallait ajouter 80,000 hommes de garnison, y compris les blessés et les malades, ce qui fait 150,000 hommes, c'est-à-dire que par le fait du départ de 100,000 hommes de l'armée du Rhin, la résistance de Metz aurait été prolongée de 38 jours. Avec des mesures convenables, on pouvait, en recueillant toutes les provisions de vivres et de blé des villages autour de Metz, prolonger de beaucoup cette durée, et on serait arrivé jusqu'au milieu de décembre 1870, c'est-à-dire à une époque à laquelle on pouvait espérer que le siège de Metz serait levé. On ne doit pas oublier non plus que les 100,000 hommes de l'armée du Rhin qui pouvaient s'échapper auraient fourni d'excellents cadres pour une armée de 400,000 hommes. Nous savons par expérience comme l'armée de la Loire s'est bien battue *sans de bons cadres*. Que n'aurait-elle pas fait, si elle avait compté dans ses rangs 100,000 soldats de profession, d'une valeur éprouvée ? On pourra dire qu'un pareil renforcement de l'armée de la Loire aurait apporté une force qu'il paraît impossible d'évaluer exactement, même d'une manière approximative. Les bons cadres faisaient précisément défaut, on le sait, à l'armée de la Loire, tandis que les hommes de troupe étaient animés du meilleur esprit et du plus ardent patriotisme.

Les 100,000 hommes de l'armée du Rhin auraient pourvu l'armée de la Loire de cadres nombreux et, de plus, excellents, en sorte qu'on ne peut pas prévoir quelle tournure la guerre aurait prise alors. C'est de cette façon, et de cette façon seulement, que Bazaine pouvait sauver la France, et, tout au moins, forcer les Allemands à conclure une paix infiniment moins heureuse pour les Allemands qu'elle ne fut réellement. Plus la guerre durait longtemps, plus la puissance de résistance de la France se fortifiait, et plus la situation politique devenait dangereuse pour les Allemands, parce que le danger d'une immixtion des neutres se serait peut-être manifestée d'une manière positive.

Si l'armée de Châlons, au lieu d'être faite prisonnière à Sedan, s'était retirée sur Paris, et y avait également servi de noyau pour une nouvelle et puissante armée, il fallait absolument que la guerre se développât dans une tout autre direction que cela n'a eu lieu réellement. Il faut se rappeler que l'armée de Châlons ne quitta le camp de Châlons pour se porter sur Reims que le 21 août, qu'elle n'en partit que le 23 août, par conséquent à une date à laquelle elle aurait certainement reçu déjà la dépêche que nous avons supposé envoyée par le maréchal Bazaine pour annoncer son intention de partir avec l'armée du Rhin dans la direction de Château-Salins. Rien n'empêchait l'armée de Châlons de rester tout d'abord à Reims, de donner à ses troupes une organisation un peu plus solide, et ensuite de se porter sur Paris où elle serait arrivée, à peu près au moment où Bazaine s'ouvrait un passage, c'est-à-dire à peu près le 28 août. Le télégraphe aurait transmis avec une rapidité merveilleuse, dans toute la France, l'heureuse nouvelle que l'armée du Rhin avait réussi à percer, et cette nouvelle aurait vraisemblablement exercé sur l'opinion publique, en France, une influence très favorable à la dynastie des

Napoléon, de sorte qu'il n'aurait peut-être pas été question de révolution ou de déchéance de l'Empereur.

Nous ne voulons pas nous engager plus avant dans une discussion qui est d'ailleurs devenue sans objet, par suite de la marche des événements; mais nous prions le lecteur de se figurer les conséquences qu'aurait probablement amenées une pareille manière d'agir de la part du maréchal Bazaine. L'armée de Châlons pouvait, elle aussi, fournir de très bons cadres pour une nouvelle armée à former à Paris. Sans doute, les quatre divisions d'infanterie du 1er corps et une division du 7e corps avaient été très fortement éprouvées par leurs pertes colossales à Wœrth et la retraite qui avait suivi; mais les autres divisions se seraient, avec l'élasticité d'esprit des Français, promptement remises; de plus, le 5e corps seul avait été entraîné dans la retraite désordonnée qui avait suivi la bataille de Wœrth, mais deux divisions du 7e corps, et le 12e corps tout entier étaient encore complètement intacts.

Il y a là un vaste champ pour tous ceux qui aiment la politique de conjecture ou la stratégie de conjecture. Il nous suffit de l'indiquer au lecteur et de le laisser à lui-même pour le reste. Si la France pouvait sortir de cette guerre sans avoir trop à en souffrir, ce n'était que de cette manière.

Voyons maintenant quelle était en réalité la répartition des troupes allemandes sur la rive droite de la Moselle, le 27 août.

La 3e division de réserve avait occupé avec 6 bataillons de ligne et 10 bataillons de landwehr, 8 escadrons et 6 batteries, la position Malroy-Rupigny, et plus en arrière la position Argancy-Charly; le reste de la division était détaché ailleurs. La 1re division d'infanterie, renforcée par l'artillerie de corps du 1er corps d'armée, occupait la ligne Failly-Servigny; son gros était dans le voisinage de Sainte-Barbe; cependant les localités de Failly et de Poix seules étaient fortement occupées, tandis qu'il y avait un bataillon à Servigny et un à Noisseville. Toute la ligne de Noisseville à Mercy-le-Haut par Montoy et Colombey, ne fut observée légèrement que par les régiments de dragons n° 1 et n° 10, de sorte qu'il ne pouvait être question d'opposer une résistance sérieuse à une sortie des Français.

Un bataillon de la 2e division d'infanterie occupait Ars-Laquenexy; un deuxième bataillon était, du château Aubigny jusqu'à l'ouest de Mercy-le-Haut, fractionné en quatre petits postes d'une compagnie chacun; un troisième bataillon avait une compagnie à Frontigny, une à l'intersection de la grande route Ars-Laquenexy-Remilly, avec le chemin de fer de Metz à Sarrebrück (*Saarbrüken*) et deux compagnies à la ferme Champel; le gros de la division était à Courcelles-sur-Nied (*Courcelles an der Nied*) avec 9 bataillons et 4 batteries.

Entre la route Metz-Château-Salins et la Moselle, se trouvait la 3e division de cavalerie avec 4 escadrons à Coin-les-Cuvry et 6 escadrons à Poix; les 6 autres escadrons fournissaient les avant-postes sur cet espace. La 28e brigade d'infanterie était à Pouilly avec 3 bataillons, 1 escadron et 2 batteries; 1 bataillon avait été poussé jusqu'à Magny-sur-Seille (*Magny an der Seille*), un autre bataillon occupait Marly-sur-

Seille (*Marly an der Seille*); un troisième bataillon divisé en deux demi-bataillons, formait les soutiens pour les grand'gardes de cavalerie.

La 27e brigade d'infanterie était à Jouy-aux-Arches avec de forts avant-postes de la Moselle à Augny, par Tournebride et la ferme d'Orly. Sur le mont Saint-Blaise se trouvait un bataillon de landwehr; dans Corny et Novéant, il y avait 3 bataillons de landwehr, 3 escadrons du 6e uhlans de réserve et une batterie de réserve. La 13e division d'infanterie et l'artillerie de corps étaient à l'est de la Moselle avec de forts avant-postes sur la ligne, hauteur au sud de la grande route de Metz à Gravelotte au sud de Rozérieulles jusqu'à la Moselle, en passant par Jussy. Il n'y avait pas moins de 5 bataillons et 2 batteries pour occuper la forte position des hauteurs des Bois-de-Vaux; 3 bataillons se trouvaient tout près, par derrière, à Ars-sur-Moselle (*Ars an der Mosel*), 3 autres bataillons, 3 escadrons et 3 batteries, étaient dans Ancy-sur-Moselle (*Ancy an der Mosel*), l'artillerie du 7e corps d'armée gardée par un bataillon, à Dornot-sur-Moselle (*Dornot an der Mosel*).

Le 8e corps occupait la ligne d'investissement de Rozérieulles à Plenois et Villers-les-Plenois par Châtel-Saint-Germain, bois de Vigneulles et Saulny, mais était, dans ce but, fractionné par brigades. Au nord, le 10e corps couvrait de Villers-les-Plenois par le château de Ladonchamps et La Maxe jusqu'à la Moselle, la ligne d'investissement par des avant-postes, tandis que sa position défensive proprement dite se trouvait sur les hauteurs de Sémécourt et à Mézières. Le 9e corps était en réserve à Montois-la-Montagne,

Malancourt et Pierrevilliers ; la 1re division de cavalerie à Habonville.

Le 2e et 3e corps d'armée partirent le 27 août pour les régions de Damvillers-Mangiennes, à moitié chemin entre Montmédy et Verdun ; le 29 août, les deux corps d'armée furent transportés dans les régions de Briey, Auboué, Conflans et Doncourt, où ils se trouvaient par suite, si loin à l'ouest de la Moselle qu'ils ne pouvaient, dans aucun cas, prendre part à une bataille sur la rive droite de la Moselle. Même le 30 août au matin, les troupes de ces deux corps d'armée les plus rapprochées, savoir : la 5e division d'infanterie et l'artillerie de corps du 3e corps eurent à faire de Doncourt à Pont-à-Mousson une marche de 5 milles, et ne purent, même avec la transmission la plus rapide des ordres, et un départ immédiat, arriver que le soir du 30 août et très fatiguées, à Pont-à-Mousson.

Le détachement du 2e et du 3e corps d'armée avait eu lieu, sur l'ordre du grand quartier général, et à cause de l'apparition de troupes françaises de toutes armes près de Grandpré ; dès le 28 août, le grand quartier général avait envoyé contre-ordre et défendu tout détachement. Maintenant, le prince Frédéric-Charles transféra les deux corps d'armée à Briey, Auboué, Conflans et Doncourt, afin que, dans le cas où l'armée du Rhin tenterait de percer, par la rive droite de la Moselle, dans la direction de Thionville, ils pussent s'opposer à temps près de Fontoy (Fontoy se trouve à deux milles à l'ouest de Thionville) à la marche de l'armée française se portant de Thionville vers l'ouest.

Des indications que nous avons données sur les positions allemandes autour de Metz il ressort que, le 27 et le 28 août, une tentative de sortie de l'armée du Rhin par la rive droite de la Moselle, dans la direction de Château-Salins, présentait des chances extraordinaires de succès. Nous devons cependant faire remarquer de nouveau et d'une manière expresse, que la répartition des armées allemandes répondait aux circonstances, c'est-à-dire qu'elle avait été prescrite en tenant compte de l'opération entreprise par l'armée de Châlons pour faire lever le siège de Metz, opération dont on avait déjà connaissance.

Si l'armée de Châlons s'était retirée sur Paris, comme nous l'avons supposé plus haut, le prince Frédéric-Charles aurait, sans aucun doute, pris de toutes autres positions.

Mais il ressort d'autant plus clairement de ces considérations, que la sortie de vive force de l'armée du Rhin tout entière n'était pas possible, qu'il fallait au contraire laisser dans Metz des forces très importantes, et par des attaques vigoureuses contre les positions allemandes exécutées à droite et à gauche de la direction choisie, pour faire protéger, sur ses flancs, le départ du gros de l'armée du Rhin.

Si nous résumons brièvement la répartition des troupes allemandes sur la rive droite de la Moselle. nous arrivons aux résultats suivants : les Allemands avaient rassemblé sur la ligne de Malroy-Rupigny-Failly-Poix-Servigny-Noisseville, 29 bataillons, 12 escadrons et 96 pièces, dont 3 escadrons seulement se trouvaient au sud de la route Metz-Sarrelouis (*Saarlouis*), tandis que toutes les autres troupes se trouvaient au nord de cette route. Noisseville, occupé par un bataillon seulement, devait tomber sans peine entre les mains des Français, attendu que sa garnison ne pouvait être soutenue d'aucun côté contre une attaque par surprise. Le corps de troupe désigné pour couvrir le flanc gauche de l'armée du Rhin pouvait ensuite se déployer sur la ligne Mey-Nouilly-Noisseville, ayant de fortes réserves derrière son aile droite, et là, attendre sans danger, une attaque des Allemands qui ne pouvait se produire que relativement tard, et tout d'abord avec des forces peu importantes. Les Français pouvaient espérer arrêter les Allemands sur ce point pendant toute une journée, de façon qu'ils ne pussent penser, avec la meilleure volonté du monde, à troubler le départ du gros de l'armée du Rhin.

La route Mey-Ars Laquenexy-Remilly était barrée à Courcelles par la 2ᵉ division d'infanterie. Là seulement, il y aurait vraisemblablement un combat, dans lequel les Français auraient trouvé devant eux, comme adversaires, 12 bataillons, 4 escadrons et 4 batteries, en admettant que toutes les troupes allemandes qui se trouvaient aux avant-postes se fussent repliées sur le gros de la 2ᵉ division d'infanterie. Mais comme les troupes allemandes de Courcelles avaient reçu l'ordre de céder devant une attaque sérieuse de forces supérieures et d'éviter tout combat désavantageux, on peut se demander si la 2ᵉ division d'infanterie à Courcelles se serait engagée dans un combat sérieux. Il était en tout cas de l'intérêt des Français d'infliger, si c'était possible, un désastre à cette division, et de la mettre ainsi hors d'état de nuire, afin qu'elle ne pût plus tard troubler le départ de la colonne de gauche. Mais comme les avant-postes allemands se trouvaient à 3/4 de mille environ en avant de sa ligne de défense proprement dite, les Allemands auraient eu vraisemblablement, même dans le cas d'une attaque par surprise des Français, assez de temps pour pouvoir se replier à propos. Cela se ferait-il, ou non? Cela dépendait uniquement de l'habileté de la direction des troupes des deux côtés et de la valeur tactique des troupes; sous ces deux rapports, les Allemands s'étaient jusqu'ici montrés supérieurs aux Francais. Si la 2e division d'infanterie se repliait sur Rumilly, elle y trouvait un bataillon de landwehr et un escadron du 5e hussards de réserve, par conséquent des troupes beaucoup trop faibles pour pouvoir accepter un combat à Remilly. En tout cas, la 2e division devait se trouver dans une position très critique et pouvait s'estimer très heureuse si elle parvenait à s'échapper sur la rive ouest de la Nied française. Si, enfin, au lieu de se replier à droite, elle s'était repliée à gauche, il ne lui aurait guère été possible d'échapper à un désastre.

Sur la route directe de Metz-Château-Salins, les Français ne rencontraient qu'une compagnie à hauteur de Mercy-le-Haut, une deuxième dans Mercy-le-Haut même, ensuite, seulement à Frontigny, une compagnie, et du reste, de faibles détachements qui, à Pontoy seulement, s'élevaient à la force de 6 escadrons. Les deux compagnies auraient dû se replier au plus vite, si seulement elles pouvaient encore le faire; mais les quelques escadrons ne pouvaient, pour ainsi dire, rien contre une tentative de sortie sérieuse. On peut donc dire que la route Metz-Château-Salins était complètement ouverte aux Français.

Sur la route Metz-Magny-sur-Seille (*an der Seille*) Pouilly-Nomény, 6 bataillons seulement, quelques escadrons et 2 batteries pouvaient opposer de la résistance aux Français. Mais ces troupes avaient la même consigne que celles de Courcelles-sur-Nied (*an der Nied*) et se seraient, par suite, vraisemblablement repliées devant une attaque dès qu'elles auraient reconnu la supériorité de l'ennemi. Le bataillon poussé sur Magny-sur-Seille (*an der Seille*) se trouvait à 1.500 pas environ de distance des avant-postes français. Dans le cas d'une attaque des Français, exécutée au point du jour, et conduite avec habileté, ce bataillon était vraisemblablement perdu en grande partie. Si la 28e brigade d'infanterie voulait se dérober à une attaque, elle devait gagner la rive ouest de la Seille, autrement elle aurait été aussi exposée à un désastre que l'aurait été la 2e division d'infanterie si elle s'était retirée dans une direction ouest ou sud-ouest.

Les trois routes que nous venons d'indiquer pouvaient donc être rendues libres, sans de trop grands combats pour l'armée du Rhin; mais du côté de la Moselle, un danger sérieux menaçait le flanc droit du gros de l'armée du Rhin. Là, il fallait employer, pour couvrir le flanc, un corps français tout particulièrement fort, afin d'arrêter les Allemands par des attaques énergiques.

Au nord, dans la région de Sainte-Barbe, il n'y avait guère à craindre que rien ne vînt troubler sérieusement le départ; mais à l'ouest, toutes les réserves disponibles des Allemands pouvaient franchir la Moselle et menacer très sérieusement ce départ. Il n'était donc possible que si on refoulait les Allemands à Jouy-aux-Arches et à Corny, et si on les y maintenait le plus longtemps possible sur la défensive. Il fallait pour cela des forces françaises considérables.

Revenons maintenant aux Français. Nous avons déjà dit que la répartition de l'armée tout autour de Metz devait être réglée de telle façon que, sur aucun point, une accumulation particulièrement forte de troupes ne pût donner d'inquiétude aux Allemands sur une direction d'attaque déterminée. Maintenant, l'armée du Rhin avait, pour établir ses camps, beaucoup plus d'espace sur la rive droite que sur la rive gauche de la Moselle ; il était donc tout naturel que la plus grande partie de l'armée du Rhin fût portée sur la rive droite de la Moselle. Nous nous figurons, par exemple, le 6e corps sur la ligne Montigny-Sablon ; le 3e corps sur la ligne Sablon-Borny-Bellecroix ; le 2e corps à Vantoux, Vallières et campé sur les pentes du Saint-Julien. On pourrait faire camper la cavalerie dans l'île Chambière, comme cela se fit d'ailleurs réellement ; sur la rive gauche, la garde impériale, le 4e corps, l'artillerie de réserve de l'armée, la réserve du génie et le grand quartier général. Une telle répartition aurait répondu aux conditions de localités et n'aurait guère donné à soupçonner l'intention de partir dans la direction de Château-Salins.

Il fallait, pour tromper les Allemands, faire, du 24 au 27 août, exécuter par des officiers d'état-major, dans la direction de Thionville, des démonstrations pour reconnaître le terrain ; il aurait été bon aussi d'attaquer quelquefois, de grand matin, les avant-postes.

Les compagnies de partisans étaient tout particulièrement propres à ce service. En tout cas, il fallait établir au moins six bons ponts sur la Moselle, et les chemins de colonne nécessaires, afin que les troupes restées sur la rive gauche de la Moselle pussent passer sur la rive droite, dans le moins de temps possible, sans que les colonnes se croisassent et que rien ne vînt troubler la marche.

Il fallait, comme nous l'avons déjà dit, désigner, pour couvrir le départ du gros de l'armée du Rhin, le 2e corps et le 6e corps ; le 2e corps au nord, le 6e au sud-ouest. Ce dernier corps aurait à soutenir, comme nous l'avons vu, un combat très sérieux et devait, par suite, être renforcé, surtout si le 9e de ligne était employé à la garde des forts sur la rive droite de la Moselle. Nous pensons donc qu'il fallait que la division Laveaucoupet fût, dans le courant du 27 août, relevée de la garde des forts, et rassemblée dans la ville de Metz même, pour être, dès le 28 août au matin, attachée au 6e corps. Alors le 2e corps, désigné pour couvrir le flanc gauche de l'armée du Rhin, aurait disposé de 20,900 hommes en nombre rond ; le 6e corps, désigné pour couvrir le flanc droit, de 31,750 hommes. Nous ne parlons bien entendu que du nombre des rationnaires.

Tout le reste de l'armée devait être tenu prêt à partir.

Les routes suivantes auraient été assignées aux différents corps d'armée : au 3e corps, la route Ars-Laquenexy-Courcelles-Hans-sur-Nied (*an der Nied*)-Morchingen-Dieuze ; au 4e corps, à l'artillerie de réserve de l'armée et à la réserve du génie, la route

Grigny-Solgne-Delme-Château-Salins ; à la garde impériale, la route Metz-Pouilly-Verny-Nomeny-Aulnoy-sur-Seille (*an der Seille*)-Manchoué-Bioncourt-Bettoncourt (*Bettoncourt*). Le corps de cavalerie, abondamment pourvu de batteries à cheval, pouvait d'abord suivre en réserve, mais devait ensuite gagner la tête des colonnes en les longeant au trot, et éclairer sur la rive ouest de la Seille dans la direction de Pont-à-Mousson et Dieulouard.

Toutes les voitures du train qui n'étaient pas absolument nécessaires devaient être laissées à Metz ; les troupes auraient à emporter pour quatre jours de vivres, dont la plus grande partie serait portée par les hommes eux-mêmes comme vivres de réserve ; il fallait emmener beaucoup de munitions ; les blessés et les malades seraient abandonnés à leur sort ; on ne devait donc se préoccuper que de panser à temps les blessés et non pas de les emmener.

Le grand quartier général pouvait marcher avec le 4ᵉ corps, par conséquent au centre, ainsi que l'artillerie de réserve de l'armée et la réserve du génie. Il était très important que dès le 19 ou le 20 août, on envoyât à l'Empereur, par des agents sûrs, des dépêches dans lesquelles, après avoir exposé avec précision ses intentions, on demanderait que des vivres fussent rassemblés à temps et en grande quantité dans la région d'Epinal, et que l'on tînt prêt également dans cette région, un nombreux matériel de chemin de fer, afin que les corps d'armée qui se seraient heureusement échappés pussent être, sans retard, transportés plus loin en chemin de fer.

L'attaque contre les Allemands devait avoir lieu le

28 août au point du jour et simultanément sur tous les points, et commencer à 4 h. 1/2, attendu que le soleil se lève le 28 août vers 5 h. 5 minutes. Le brouillard habituel dans la vallée de la Moselle pouvait favoriser beaucoup l'attaque des Français.

Pour les 2e, 3e et 6e corps qui se trouvaient sur la rive droite de la Moselle, le commencement si matinal de l'attaque ne présentait pas de grandes difficultés. Mais le passage en temps voulu de la Moselle par les autres troupes était d'autant plus difficile, et devait être préparé avec le plus grand soin et dans tous ses détails. En aucun cas, il ne fallait éveiller l'attention des Allemands par des bruits nocturnes, en éclairant les ponts de la Moselle et les chemins de colonnes, car si on laissait à l'adversaire le temps de prendre des contre dispositions, le succès de l'opération devenait très problématique.

Nous n'avons pas l'intention d'exposer ici un ordre d'armée complet, mais nous espérons que des officiers studieux s'imposeront cette peine ; ce travail leur sera des plus profitables.

Nous nous bornons à indiquer à grands traits le développement des événements, d'après l'idée que nous nous en faisons. Ce tableau se déroulerait de la manière suivante :

1. Déploiement du 2e corps sur la ligne Mey-Nouilly-Noisseville, après que Noisseville a été enlevé par surprise ; fortes réserves derrière l'aile droite ; violente canonnade contre Servigny ; 3 régiments de cavalerie assurent la sécurité vers le sud, par conséquent, en arrière.

2. Attaque du 3e corps contre Courcelles-sur-Nied

(*an der Nied*), par les deux routes d'Ars-Laquenexy et de Mercy-le-Haut-Frontigny ; cette attaque doit être, autant que possible, si rapide, que la 2⁰ division d'infanterie ne puisse se dérober et qu'on la batte à plate couture ; ensuite, départ du 3⁰ corps par Remilly et au-delà, en se reliant avec la colonne de droite.

3. Le 4⁰ corps commence de très grand matin à passer la Moselle, marche en dehors de Metz, jusqu'à la route Metz-Château-Salins qui devait d'abord être utilisée jusqu'à Frontigny par la colonne latérale de droite du 3⁰ corps, et commence alors son mouvement. Naturellement le 4⁰ corps ne pouvait arriver à Frontigny que lorsque les corps voisins étaient déjà depuis longtemps au feu. C'était un inconvénient, mais qu'on ne pouvait guère éviter, parce que le passage de la Moselle par tout un corps d'armée, la nuit, aurait pu difficilement avoir lieu, sans que les ponts et les chemins de colonne fussent éclairés et sans causer beaucoup de bruit, sans parler de la possibilité de nombreux à-coups. Des ponts sur la Moselle au bord Est de l'île Chambière, on n'avait à établir des chemins de colonne que sur un tout petit espace pour arriver à la grande route de Metz-Saint-Julien ; pour le reste, le corps avait à sa disposition des routes impériales commodes et larges. Il va de soi qu'il fallait aussi établir des chemins de colonnes pour arriver aux ponts sur la Moselle au bord Ouest de l'île Chambière, mais également sur un tout petit espace. Si l'on suppose les têtes du 4⁰ corps au camp de Maison-de-Planches, les troupes avaient de là à hauteur de Frontigny-Chesny, largement 1 mille 1/2 à parcourir.

Nous avons déjà vu que la grande route Metz-Château-Salins était, pour ainsi dire, toute ouverte aux Français. Le 3e corps devait néanmoins, pour refouler la 2e division d'infanterie prussienne, se servir de très grand matin de cette route pour une forte colonne latérale et aussi pour une forte masse de cavalerie qui devaient s'avancer par l'ouest sur Courcelles, afin de relier l'attaque de front par Ars-Laquenexy avec une attaque de flanc. Nous ne croyons donc pas qu'il y aurait eu un inconvénient sérieux, à ce que le 4e corps commençât à 4 heures du matin son départ de Maison-de-Planches, et arrivât seulement à 8 heures du matin à hauteur de Frontigny avec ses têtes de colonne.

4. Il en était tout autrement pour la garde impériale. Il fallait qu'elle s'ouvrît la route de vive force ; il était donc absolument nécessaire qu'une forte division d'infanterie de la garde au moins, largement pourvue d'artillerie, se portât dès 4 heures du matin sur Magny-sur-Seille (*an der Seille*). Cette division devait, par conséquent, avoir fini, dans la nuit, de passer la Moselle. On pouvait ici se servir des ponts fixes qui conduisent de Devant-les-Ponts à Metz ; ces ponts étaient d'ailleurs éclairés. Si donc on amenait, après la tombée de la nuit et par les deux ponts, la division de Voltigeurs dans Metz, si ensuite on la laissait reposer pendant quelques heures dans les rues de la ville, cette division pouvait parfaitement attaquer Magny à 4 h. 1/2 du matin. De Metz à Magny, il n'y avait qu'un demi-mille de distance ; le moment pour la surprise pouvait donc être parfaitement observé. Seulement il fallait éviter rigoureusement tout bruit inutile, et surtout faire laisser libres, en les barrant, les rues de

la ville dont on devait se servir, afin qu'il ne pût se produire ni croisement dans la marche, ni d'autres causes de trouble.

Le reste de la garde impériale pouvait passer les ponts le 28 août, à 4 heures du matin, et se porter par le même chemin sur Magny, où les têtes de la division de Grenadiers pouvaient arriver facilement à 6 heures du matin.

5. C'est au 6e corps, renforcé par la division Laveaucoupet, qu'incombait la tâche, de beaucoup la plus difficile, à savoir l'attaque de Jouy-aux-Arches et d'Augny. Le relèvement de la division Laveaucoupet, dans les différents forts, pouvait se faire sans bruit le 27 août, en plein jour. De chaque fort, une toute petite colonne serait partie pour Metz, après qu'une colonne de même force serait arrivée dans ledit fort.

Si l'on avait très ostensiblement dirigé le 9e de ligne du camp du 6e corps sur les forts de Queuleu et de Saint-Julien, il n'aurait pas été difficile de donner à ces petits mouvements de troupes le caractère d'un simple relèvement, et d'empêcher ainsi toute espèce d'inquiétude de la part des Allemands. La division Laveaucoupet serait alors rassemblée en plein jour dans Metz, par exemple dans la grande cour de la gare, pour y camper. Il n'aurait pas été bon de la faire sortir aussitôt de Metz, parce que l'augmentation des camps du 6e corps de toute une division d'infanterie, aurait difficilement échappé aux observatoires allemands, et il fallait éviter d'éveiller tout soupçon chez les Allemands.

Le 28 août, à 4 h. 1/2 du matin, une attaque brusque des Français aurait dû se produire sur toute la ligne, avec les deux divisions Texier et Laveaucoupet, qui étaient les plus fortes, et l'artillerie de réserve, contre la ligne ferme Polka-Orly, et avec la division Lafond de Villiers contre Augny, pendant que la division Levassor-Sorval s'avancerait par la grande route de Pont-à-Mousson pour s'emparer d'abord de Marly-sur-Seille (*an der Seille*) et se porterait ensuite sur Corny pour exécuter un mouvement tournant.

Il n'est pas douteux que le 6ᵉ corps aurait eu à soutenir un très rude combat. Les forces allemandes auraient été, d'heure en heure, renforcées par des troupes de la rive gauche de la Moselle, tandis que le 6ᵉ corps aurait été, pendant tout le temps, réduit à ses propres forces. Dans ces conditions, de grandes pertes étaient inévitables, mais il fallait les supporter avec courage, car le but de la sortie ne pouvait être atteint sans de lourds sacrifices.

6. Le corps de cavalerie, la réserve du génie et l'artillerie de réserve de l'armée ne pouvaient franchir la Moselle qu'après le 4ᵉ corps et la garde impériale, et en se servant de deux ponts, afin de passer rapidement. Comme le corps de cavalerie était absolument nécessaire pour couvrir le flanc droit, et pour éclairer au loin, et que c'était sur la route du milieu que l'artillerie de réserve marcherait avec le plus de sécurité, on ne pouvait éviter un croisement de marche, si l'on ne faisait pas, dès le début, attendre l'artillerie de réserve de l'armée jusqu'à ce que le corps de cavalerie eût dépassé la route de Metz-Château-Salins, ce qui pouvait très bien se faire. Le corps de cavalerie devait ensuite gagner le plus vite possible la rive droite de la Seille, puis se porter rapidement en avant. Il aurait été

bon, du reste, d'attribuer à la garde impériale, en outre du régiment de Guides, toute une brigade de cavalerie, afin que cette colonne disposât, elle aussi, d'une cavalerie suffisante qui pourrait éclairer en avant, de sorte que le reste du corps de cavalerie n'aurait à s'occuper que d'assurer la sécurité sur le flanc droit.

La marche de combat déciderait de la suite des opérations. Nous nous bornons à faire remarquer au lecteur qu'il y a là un magnifique champ pour un kriegsspiel (1) à grande échelle. Les vicissitudes les plus variées pouvaient se produire, suivant que la haute Direction des troupes prenait telle ou telle résolution, et cette situation de guerre est tout particulièrement intéressante, parce que, par suite du moment choisi par les Français pour leur attaque, le succès ne dépendait plus de la volonté *d'un seul*, mais plutôt de l'énergie et de l'habileté de chaque général exerçant un commandement. Il se présenta également, du côté des Allemands, toute une série de cas dans lesquels un commandant de division, un commandant de brigade, doit prendre, de lui-même, des décisions. Qu'on choisisse donc ce thème pour sujet d'un grand kriegsspiel et on ne le regrettera pas.

Il nous suffit de choisir de toutes ces hypothèses, la plus simple, pour terminer notre tâche. Nous supposons donc que la 2ᵉ division d'infanterie prussienne, et la 28ᵉ brigade d'infanterie, auraient reconnu bien vite l'énorme supériorité des Français, et se seraient

---

(1) Le kriegsspiel, ou jeu de la guerre, est une manœuvre sur la carte. Ce genre d'étude est très pratiqué dans l'armée allemande. (*Note du traducteur.*)

habilement dérobées à l'attaque, savoir, la 2ᵉ division sur la rive Est de la Nied française, et la 28ᵉ brigade d'infanterie sur la rive Ouest de la Seille. Ce mouvement aurait exercé sur la situation de combat du 6ᵉ corps une influence très défavorable, car la 28ᵉ brigade aurait pris aussitôt part au combat contre la division Levassor-Sorval.

Pour la garde impériale, il y avait une résolution très difficile à prendre ; quand la 28ᵉ brigade aurait abandonné la rive Est de la Seille, la garde n'aurait plus trouvé d'ennemis devant elle, mais elle aurait parfaitement vu que sur l'autre rive de la Seille, ses camarades du 6ᵉ corps, qui luttaient péniblement, étaient de plus en plus refoulés. Un mouvement offensif de la garde, venant de la rive droite de la Seille, aurait donné de l'air au 6ᵉ corps, mais aurait probablement exigé tant de temps qu'on pouvait se demander si la garde impériale pouvait encore continuer son mouvement ou si elle n'était pas tellement engagée dans le combat qu'il ne lui était plus possible de s'en dégager à temps.

Le but à atteindre pour les Français n'était pas de remporter une victoire à Augny ou plus au sud à Fey ; c'était uniquement que le gros de l'armée du Rhin pût s'échapper. Il serait donc arrivé que les meilleures troupes d'une grande armée auraient dû passer froidement près d'un champ de bataille, sans porter secours à des camarades qui, en ce moment, versaient leur sang sur un champ de bataille tout voisin.

Il se serait même, dans notre hypothèse, écoulé un certain temps avant que le 3ᵉ corps français et la garde impériale aient abandonné leur adversaire qui se repliait et aient repris leur marche. Evaluer exactement ce temps, est impossible. Qu'il nous soit donc permis de faire une supposition certainement arbitraire, à savoir, qu'il n'y aurait eu de combat sérieux ni à Courcelles ni à Pouilly, mais que, au contraire, les Prussiens, se voyant partout en présence d'un adversaire très supérieur en forces, se seraient retirés très habilement. Nous comptons même, dans cette hypothèse, une perte de 4 heures pour les Français, et nous croyons que le kriegsspiel dont nous avons parlé, montrerait peut-être que ce délai, qui paraît mesuré largement, n'aurait pas été suffisant.

Admettons que vers 9 heures du matin, le 3e corps français à Courcelles, le 4e corps à hauteur de Mécleuves, la garde impériale à Pouilly, auraient été en état de commencer leur marche proprement dite, et que tout l'espace entre la Nied française et la Seille aurait été à ce moment évacué par les troupes allemandes.

Maintenant il s'agissait pour les Français de marcher le plus vite et d'aller le plus loin possible; on ne devait tenir compte d'aucune autre considération que de ne pas trop fatiguer les troupes. En tout cas, les trois colonnes devaient marcher le 28 août jusqu'à ce qu'elles ne fussent pas exposées à une poursuite de la part des Allemands. Il fallait atteindre ce but, car la seule troupe allemande qui pouvait encore inquiéter sérieusement la marche du gros de l'armée du Rhin, c'était la 1re division de cavalerie qui, de son cantonnement d'Habonville aux ponts de Corny et de Novéant, n'avait pas tout à fait 3 milles à parcourir.

Les 35 escadrons du corps de cavalerie, savoir : 16 escadrons de la division de cavalerie de Forton, 4 escadrons de la division de cavalerie du Barail, et 15 escadrons de la garde impériale, avec leurs 6 batteries à cheval, pouvaient bien opposer aux 24 escadrons de la 1re division de cavalerie une résistance efficace. Si on s'apercevait que les 16 escadrons de la 3e division de cavalerie se repliaient sur la rive ouest de la Seille, de manière à y former une grosse masse de cavalerie, il fallait aussitôt faire renforcer le corps de cavalerie par deux régiments de cavalerie de la garde impériale et par la brigade de hussards du 4e corps, afin de pouvoir faire face à ce danger menaçant avec des forces suffisantes. Ici encore, il se présente pour le kriegsspiel un vaste champ qui serait du plus haut intérêt. Nous prions encore une fois de creuser, par un kriegsspiel approfondi, des idées que nous ne faisons que jeter en passant et de les développer de manière à en retirer un résultat pratique.

Nous supposons provisoirement que le 3e corps français a dû, dans la soirée du 28 août, ou dans la nuit du 28 au 29 août, atteindre avec son avant-garde le village d'Armsdorf sur la route de Mœrchingen, ce qui correspondrait à une marche de 30 kilomètres, sans tenir compte des fatigues résultant du combat de Courcelles. Nous admettons également que l'avant-garde du 4e corps est à Delme, c'est-à-dire en supposant une marche de 38 kilomètres, parce que cette colonne n'a pas eu de combat à livrer. Enfin, nous admettons que l'avant-garde de la garde impériale aurait atteint Aulnois-sur-Seille (*an der Seille*) ce qui aurait exigé une marche de 35 kilomètres sans compter les fatigues causées par le combat de Magny-sur-Seille et de Pouilly. Nous tenons compte de ce fait que la garde impériale n'avait plus guère que 16,300 hommes, tandis que la colonne de gauche aurait compté 43,000 hommes, et la colonne du centre 31,300 hommes en nombres ronds. La garde impériale aurait donc marché plus à l'aise; elle se composait d'ailleurs exclusivement de soldats d'élite.

La longueur des marches fournies par le corps de cavalerie, que nous supposons fort de 5.000 hommes, échappe à toute prévision, parce qu'elles auraient dépendu des mouvements de la cavalerie allemande; mais comme le corps de cavalerie avait à opérer à l'ouest de la Seille, ses mouvements ne pouvaient, dans aucun cas, gêner la marche des autres colonnes.

C'est avec intention que nous avons réparti, comme nous l'avons indiqué, les corps d'armée sur les trois routes. Le 3ᵉ corps formait la colonne la plus forte; il pouvait avoir à vaincre, à Courcelles, une forte résistance; on avait donc mis des troupes en quantité suffisante. Le 4ᵉ corps avait déjà beaucoup souffert, c'est donc sur la route du centre, qui était presque débarrassée par l'ennemi, qu'il convenait le mieux de le mettre. Enfin, il fallait s'attendre à Pouilly à un combat assez sérieux, dans lequel les Allemands ne pouvaient engager, il est vrai, qu'une brigade fractionnée par moitié; c'est pour ce motif qu'on avait choisi à cet effet la garde, dont la division de Voltigeurs avait été peu au feu. On pouvait donc être certain de culbuter avec ces 23 bataillons français d'élite, 6 bataillons prussiens, d'autant plus que les 12 bataillons de la division Levassor-Sorval devaient aussi, à Marly-sur-Seille (*an der Seille*), intervenir dans le combat.

Le 29 août, il fallait de nouveau demander aux

troupes françaises de longues marches. Nous nous imaginons que le 29 août au soir, l'avant-garde du 3ᵉ corps était à Avricourt, distance 49 kilomètres; l'avant-garde du 4ᵉ corps à Lunéville, distance 45 kilomètres; l'avant-garde de la garde impériale à Flavigny-la-Basse sur la Moselle (*an der Mosel*), distance 50 kilomètres; sur ces directions, on ne pouvait rencontrer que de très faibles troupes de garnison allemandes qui se seraient certainement repliées au plus vite, si même elles n'avaient pas été attaquées par surprise et faites prisonnières. Il ne pouvait être question d'une résistance sérieuse de la part de ces quelques compagnies de landwehr. On peut seulement se demander si les troupes de Lunéville auraient été ou non en état de détruire les ponts sur la Meurthe qui s'y trouvent. Autant qu'on peut en juger d'après l'annexe nᵒ 53 de l'ouvrage du grand état-major, le 3ᵉ bataillon de forteresse saxon se trouvait le 4 septembre à Nomény, Château-Salins et Delme;

La 1ʳᵉ compagnie mobile de pionniers de forteresse du 5ᵉ corps, à Avricourt;

Des fractions du bataillon de landwher à Torgau, à Saint-Nicolas-du-Port, le reste du bataillon à Nancy;

Le bataillon de landwehr de Mühlhausen à Lunéville et à Réchicourt;

Des fractions du bataillon de landwehr bavarois, à Lunéville.

Toutes ces troupes se trouvaient-elles déjà le 28 ou le 29 août sur ces points? Nous ne le savons pas. Quand même cela aurait été, la compagnie mobile de pionniers d'Avricourt ne pouvait que détruire un pont massif sur le fleuve. Pour cela, il fallait d'abord qu'elle fût transportée d'Avricourt à Lunéville. L'inspection générale des étapes de la 2ᵉ armée aurait-elle ordonné de suite ce mouvement le 28 août et la compagnie de pionniers aurait-elle reçu cet ordre à temps ? C'est là une question, car l'inspection générale des étapes se trouvait le 28 août à Remilly, et les Français auraient, en tout cas, interrompu au plus vite la communication télégraphique.

Si les ponts sur la Meurthe étaient réellement détruits, ce que nous regardons comme invraisemblable, les Français étaient obligés de faire aussitôt rétablir sommairement les ponts par leurs troupes du génie, ou bien le 4ᵉ corps se trouvait forcé de se porter le 30 août sur Raon-l'Etape par la rive droite de la Meurthe. Si, au contraire, les troupes d'étapes allemandes s'étaient simplement repliées sans endommager sérieusement les ponts, ce que nous regardons comme vraisemblable, les Français avaient à atteindre le 30 août les points suivants :

Garde impériale, Mirecourt, distance, 33 kilomètres ;
4ᵉ corps, Charmes, distance, 34 kilomètres ;
3ᵉ corps, Rambervillers, distance, 40 kilomètres.

Le gros de l'armée du Rhin aurait alors échappé aux Allemands.

Les Français devaient attacher à leurs arrière-gardes de forts détachements du génie pour détruire les ponts dès qu'ils n'en auraient plus besoin, mesure qui aurait rendu presque impossible aux Allemands une poursuite efficace.

Le corps de cavalerie devrait rendre difficile à la cavalerie allemande une poursuite active ; elle aurait même pu, en raison de sa force, et surtout si elle avait été renforcée par les 4 régiments de cavalerie désignés plus haut, et appuyée par ses 6 batteries à cheval, culbuter la cavalerie allemande, si l'on en était venu à un grand combat de cavalerie. On se trouvait du reste en situation de détacher du 3º corps français de 2 à 4 régiments de cavalerie et de les adjoindre au corps de cavalerie ; ce dernier était donc assuré d'avoir de toute façon une supériorité numérique considérable sur la cavalerie allemande, si les Français prenaient des dispositions convenables et les exécutaient sans hésitation.

Les réserves de la 13º division qui se trouvaient disponibles sur la rive gauche de la Moselle, auraient été tout d'abord employées à soutenir la 28º brigade d'infanterie. C'est seulement après avoir complètement refoulé le 6º corps français, par conséquent au plus tôt après un rude combat d'au moins dix heures, qui aurait amené de fortes pertes, qu'on pouvait employer ailleurs une partie de ces troupes. Mais il aurait fallu commencer par rassembler les troupes, puis les réapprovisionner de munitions ; il aurait même été possible qu'elles fussent trop fatiguées pour pouvoir, après une chaude journée de combat, marcher encore le soir. Le 9º corps, le seul corps de réserve de l'armée d'investissement, avait en moyenne 4 milles 1/2 à parcourir, rien que pour atteindre les ponts de Novéant et de Corny. De là à Nancy, il y avait encore 5 milles 1/2.

Les Allemands pouvaient donc, dans le cas le plus favorable, employer à la poursuite des Français le 9º corps et peut-être une forte division combinée composée de troupe des 7º et 8º corps, car on ne pouvait guère penser à lever, même d'une manière passagère, le blocus de Metz, puisqu'on savait avec certitude qu'il y avait été laissé une très forte garnison. Les têtes de ce corps d'armée et demi ne pouvaient arriver que tard dans la soirée du 29 août à Nancy, distant de Flavigny-la-Basse de 2 milles, où serait arrivée au même moment la garde impériale. Cette marche des Allemands n'aurait pu, en aucune façon, échapper au corps de cavalerie français; la garde impériale aurait donc été informée de la marche des Allemands sur Nancy.

Si les Allemands se portaient le 30 août contre la garde impériale, ils ne seraient arrivés à Flavigny-la-Basse qu'après que la garde aurait passé la Moselle et détruit les deux ponts qui s'y trouvent. La garde pouvait d'ailleurs empêcher par le feu de son artillerie toute tentative des Allemands pour réparer les ponts.

Si les Allemands se portaient sur Lunéville, ils avaient à faire une marche de 28 kilomètres même par la route directe de Saint-Nicolas-du-Port. Mais comme les Français auraient, à n'en pas douter, détruit en ce point les ponts sur la Meurthe, les Allemands auraient été forcés de faire un grand détour, et ne pouvaient que difficilement atteindre les colonnes du 4ᵉ corps, car ce corps aurait été également informé du danger qui le menaçait et aurait certainement accéléré le plus possible sa marche le 30 août. Même en admettant que les Allemands auraient réussi à atteindre l'arrière-garde du 4ᵉ corps, par exemple près de Bayon, il se serait produit un combat d'arrière-garde, dans lequel les Français auraient bien pu essuyer quelques pertes, mais qui ne les aurait pas empêchés de passer la Moselle à Bayon et de détruire les ponts derrière eux.

Comme les 2e et 3e corps d'armées prussiens n'auraient pu, on le sait, à cause de leur détachement, prendre aucune part à la poursuite, on peut se demander si le prince Frédéric-Charles aurait entrepris, avec 3 divisions d'infanterie et 2 divisions de cavalerie seulement, une aussi vaste opération. Il aurait appris par les troupes allemandes refoulées sur tout l'espace qui s'étend entre la Nied française et la Seille, la grande force de l'armée du Rhin qui avait percé, force qui aurait été probablement très exagérée, ainsi que cela arrive en pareil cas à la guerre.

En outre, le 9e corps avait subi de très grosses pertes le 16 et le 18 août, et ne comptait plus que 16.000 fusils, 1.620 sabres et 88 pièces. Le prince était un excellent général en chef ; mais il était, par cela même, porté à être prudent et à peser avec le plus grand soin les considérations qui militaient pour ou contre une opération hasardeuse. On ne sait donc pas s'il se serait exposé avec des forces si faibles à livrer à une armée de 100.000 hommes une bataille décisive.

Les Français pouvaient d'ailleurs, dans le cas d'une poursuite si hardie et énergique des Allemands, se soustraire à un combat sérieux, et se dérober vers l'Est.

Nous nous arrêterons ici. Nous laissons au lecteur le soin de se faire sur cette question un jugement personnel. Nous ferons encore une fois observer, d'une manière expresse, que nous n'avons fait que tracer à grands traits une esquisse rapide, que cette esquisse rapide ne doit pas imposer au lecteur un jugement décisif, et que nous n'avons pas le moins du monde la prétention de donner une espèce de formule pour la manière dont la sortie devait être exécutée. Nous ne désirons qu'une chose, c'est appeler l'attention de nos lecteurs sur une question qui mérite, à notre avis, l'étude la plus sérieuse. Il peut fort bien arriver dans une guerre future, qu'une armée soit, après quelques batailles malheureuses, forcée de chercher pendant quelque temps un refuge dans un grand camp retranché. Il pourra alors se présenter des conditions qui aient une grande analogie avec la situation de l'armée du Rhin à Metz, même pour la question des approvisionnements.

L'affaire est donc importante, aussi bien pour celui qui est investi que pour celui qui investit. Pour faciliter au lecteur une étude approfondie, nous avons joint à notre brochure une carte d'ensemble suffisamment étendue des environs de Metz au sud-est et au sud, et nous avons négligé les autres parties des environs de Metz, parce qu'une sortie de ce côté ne présentait que peu de chances de succès.

Il va de soi qu'une sortie du gros de l'armée du Rhin, dans la direction de Château-Salins, pouvait réussir non seulement le 28 août, mais aussi bien le 29, le 30 ou le 31 août, même encore le 1er septembre. A partir du 2 septembre, il en était tout autrement, comme nous le verrons dans le chapitre suivant. Bazaine pouvait donc, dans les conditions qui existaient réellement du 27 août au 1er septembre, percer sur Château-Salins; mais il avait pris en quelque sorte l'engagement moral d'essayer de sortir dans une direction opposée, c'est-à-dire par le nord-ouest.

Il devait donc prévenir le maréchal Mac-Mahon, au moins en lui envoyant à temps des agents sûrs, que son intention était changée, afin que l'armée de Châlons eût le temps de se soustraire à l'étreinte mortelle des armées allemandes. S'il le faisait jusqu'au 26 août, il pouvait alors percer sur Château-Salins, car la répartition des troupes allemandes d'investissement autour de Metz aurait été telle qu'elle était réellement, c'est-à-dire extrêmement favorable pour un départ de l'armée du Rhin vers Château-Salins.

Nous espérons avoir montré clairement au lecteur combien il devait être difficile pour l'armée du Rhin, même dans les conditions les plus favorables, de s'échapper rien qu'avec le gros. Les officiers studieux feront bien de calculer exactement la longueur de marche des différentes colonnes dont nous avons indiqué la force, et, se basant sur ces calculs, de suivre l'armée du Rhin pendant les trois premiers jours. Nous sommes sûr que personne ne regrettera d'avoir entrepris, avec ses propres forces, un pareil travail.

Nous recommandons en outre au lecteur une autre solution du problème de la sortie de l'armée, que nous voulons indiquer ici à grands traits :

1. Emploi de la 1re division d'infanterie prussienne, de la même manière que nous l'avons indiquée;

2. Refoulement de la 2e division d'infanterie prussienne du terrain entre la Nied française et la Seille;

3. Attaque de la 14e division d'infanterie sur la rive droite de la Moselle avec tout le reste de l'armée du Rhin ; refoulement au delà de la Moselle, de cette division et de tous les renforts allemands venant de la rive gauche; destruction de tous les ponts sur la Moselle entre Ars-sur-Moselle (*Ars an der Mosel*) et Novéant.

4. Départ du gros de l'armée du Rhin aussitôt après avoir accompli victorieusement toutes ces tâches.

L'armée française aurait ainsi acquis l'auréole que donne une grande victoire, ce qui est d'une haute importance pour les âmes françaises. Une menace directe contre le flanc droit de l'armée du Rhin par la rive gauche de la Moselle n'était pas possible, jusqu'à ce que les ponts détruits fussent rétablis. Mais en regard de ces avantages, il y avait des inconvénients. Le premier jour aurait été employé tout entier à terminer le combat; peut-être pouvait-on, à la rigueur, ce même jour, rétablir les unités tactiques désorganisées par le combat et compléter les munitions; mais on ne pouvait pas penser à se mettre en marche, au moins pour ce qui est des troupes engagées sur les bords de la Moselle.

Le jour suivant, le mouvement pouvait réellement commencer pour l'armée du Rhin; mais en même temps pouvait avoir lieu la marche de toutes les troupes allemandes disponibles sur Pont-à-Mousson. Cette question-là aussi offre un grand intérêt et mérite d'être traitée à fond dans un kriegsspiel à grande échelle.

Enfin, il y a une chose à voir, c'est si le prince Frédéric-Charles pouvait ou non, même dans le cas du maintien à Metz d'une forte garnison, lever temporairement le blocus. Si l'on voulait battre l'armée du Rhin en rase campagne et essayer de l'anéantir, il fallait lever temporairement le blocus de Metz, car la force de l'armée d'investissement ne suffisait pas à cette double tâche, quand même on aurait pu disposer des II⁰ et III⁰ corps d'armée prussiens.

On se demande alors quelle est la mesure qui aurait

été la plus avantageuse. En tout cas, on donnait à la garnison de Metz, en abandonnant temporairement l'investissement, la possibilité d'augmenter considérablement ses approvisionnements; de petits détachements français pouvaient aussi tenter de gagner, dans une autre direction, l'intérieur de la France.

D'un autre côté, on ne pouvait battre l'armée du Rhin qu'en engageant réellement toutes les forces dont on disposait, et, en outre, en imposant aux troupes des marches exorbitantes.

On voit partout surgir de nouvelles questions intéressantes. Nous nous bornons à soulever ces questions; nous en laissons la solution aux hommes compétents. Il n'y a plus qu'un point sur lequel nous demandons la permission d'appeler l'attention; c'est le rôle des troupes du génie.

Nous avons vu quelle importance avait pour les Français et pour les Allemands la destruction, faite à propos, de tous les ponts et aussi leur prompt rétablissement. Les troupes du génie des deux armées auraient donc trouvé souvent l'occasion d'agir avec succès; mais il fallait pour cela qu'elles disposassent de tous les moyens qui leur étaient nécessaires. En était-il toujours ainsi? Pour ce qui est des Français, nous pourrions en douter.

En terminant, nous citerons les paroles suivantes de l'ouvrage du grand état-major, page 1485 : « Les conditions présentaient de beaucoup moins grandes difficultés au sud de Metz. Un mouvement offensif dirigé de ce côté, trouvait dans ce terrain, ainsi qu'au nord-est un vaste espace pour se développer sur les deux rives de la Seille, sur les trois grandes routes de

Solgne, Nomény et Cheminot. Si les masses principales de l'armée du Rhin s'avançaient, autant que possible par surprise, par ces trois routes, pendant qu'à gauche un détachement de flanc se porterait sur Courcelles-sur-Nied (*an der Nied*) et qu'un autre, sous la protection de l'artillerie de la place, se porterait à peu près vers Frescaty et ferait face à Ars et à Jouy, pour empêcher les VIIe et VIIIe corps de franchir la Moselle, une tentative de sortie était, en raison de la répartition de l'armée d'investissement à ce moment, à peu près certaine de réussir, et même sans une lutte trop sérieuse. En tout cas, les généraux français auraient dû, de toutes façons, renoncer à emmener des trains, et, même dans ce cas, ils auraient été tôt ou tard menacés en flanc et sur leurs derrières par les corps de l'armée d'investissement, qui se seraient mis à leur poursuite. Néanmoins, le maréchal Bazaine pouvait espérer trouver *devant lui* la route libre, interrompre momentanément les communications allemandes faiblement occupées, et bien qu'il pût éprouver d'assez sérieuses difficultés sous le rapport des vivres, s'échapper vers le sud avec une grande partie de son armée. »

Nous résumerons donc de la manière suivante toutes les considérations que nous avons développées : « Le maréchal Bazaine pouvait, à la fin d'août, s'échapper vers l'intérieur de la France avec la plus grande partie de son armée et, en outre, assurer la sécurité de Metz en y laissant une forte garnison, et il ne l'a pas fait; il a, au contraire, par ses dépêches, dans lesquelles il exprimait sa prétendue intention de percer la ligne d'investissement dans la direction nord-ouest, déterminé indirectement la marche de l'armée de Châlons sur Sedan, et amené ainsi la destruction de la dernière armée française qui tenait la campagne, certainement sans prévoir l'issue fatale des événements ou sans les les désirer. »

VIII. — La conduite du maréchal Bazaine jusqu'au 20 septembre inclus.

Le 1ᵉʳ septembre 1870 amena une révolution complète dont le maréchal de Moltke lui-même ne se doutait pas le matin : « l'empereur Napoléon fait prisonnier avec toute son armée ». Cette nouvelle ne fut pas, au premier moment, crue dans les camps des armées allemandes qui entouraient Sedan et cependant elle était exacte. C'était un succès sans pareil! Le monde entier fut ébranlé par la violence de ce coup. Enthousiasme et chants d'allégresse en Allemagne, profonde exaspération en France, jalousie plus ou moins déguisée dans tous les autres pays!

La dynastie des Napoléon s'écroula immédiatement; la République française sortit de ces ruines et était résolue à continuer la guerre contre les Allemands. Mais l'armée du Rhin à Metz n'avait aucun soupçon de tout cela; elle venait d'éprouver, à la bataille de Noisseville un échec complet, et était rentrée au camp vivement irritée contre son général en chef, et pleine d'un sourd ressentiment.

Dès le 3 septembre, le maréchal Bazaine apprit par des communications verbales, au sujet de l'échange de prisonniers, la catastrophe de Sedan. Le 6 septembre (1), les Allemands rendirent aux Français, à

---

(1) Les Français disent le 7 septembre; le baron de Goltz dit également le 7 septembre (Note de l'auteur).

Saulny, 596 prisonniers; tous les régiments de Châlons y étaient représentés. Mais on ne croyait pas à Metz à toute l'étendue du malheur; on disait : « Ce sont des traînards, des éclopés qu'on a réussi à ramasser ». Deux habitants français, venant de Pont-à-Mousson, apportèrent la nouvelle de Sedan; mais on ne les crut pas davantage. Le 9 septembre, 134 prisonniers furent encore rendus aux Français à Moulins-les-Metz. Le soir de ce jour-là, 118 pièces allemandes bombardèrent le camp français de Metz, mais sans obtenir de résultats appréciables.

Enfin, le 10 septembre, Bazaine reçut des nouvelles précises sur Sedan. Un officier français blessé le 6 août, fut rendu à Metz et apporta la nouvelle de la chute de l'Empire et de l'établissement de la République.

Mais le maréchal Bazaine n'était pas encore convaincu de l'exactitude de ces nouvelles; il envoya donc, le 11 septembre, un officier d'état-major en parlementaire chez les Allemands, et ce dernier rapporta un numéro du journal *la Croix* qui confirmait les nouvelles. C'est seulement alors que se dissipèrent tous les doutes du maréchal.

Le 12 septembre, le maréchal convoqua les généraux commandants de corps d'armée, les chefs de service et tous les généraux de division à son quartier général et leur communiqua la triste nouvelle.

Il ajouta: « Que ces événements faisaient à l'armée une situation tout à fait difficile, tout à fait nouvelle, qui exigeait des dispositions particulières ; qu'en conséquence, il ne croyait pas sage de risquer son armée pour faire une sortie, mais qu'on continuerait, par des actions partielles et multipliées, à forcer l'ennemi à entretenir autour de Metz le plus de forces possible, afin de donner le temps aux armées de l'intérieur de la France de se former et de se porter en avant. On attendrait ainsi les ordres du gouvernement. »

Le 16 septembre, les nouvelles de Sedan et de Paris furent portées à la connaissance de toute l'armée.

Dans la suite de l'état-major français, il se trouvait un secrétaire d'ambassade français, M. Debaïn, qui éprouvait le besoin de faire quelque chose. Il essaya donc, le 12 septembre, de traverser, sous un faux nom, les lignes allemandes, fut arrêté, n'obtint pas l'autorisation qu'il demandait et continua son voyage pour la France, mais put se procurer beaucoup de nouvelles qu'il rapporta à Metz. Il rassembla toutes ces nouvelles dans une note qu'il remit au maréchal Bazaine et qui se résumait de la manière suivante :

« En résumé, 600.000 Allemands sur le territoire français. Plus d'armée régulièrement organisée en France, si ce n'est celle de Metz, pas d'enthousiasme vigoureux pour la cause nationale dans les provinces envahies ; union complète des Allemands pour le triomphe de leur cause ; toute discussion sur la forme de l'état allemand remise après la fin de la guerre ; pas de chances de l'intervention armée de l'Autriche ; l'Autriche et la Russie travaillant à la paix sans avoir encore signifié à la Prusse les bases à accepter ; grand effort de l'armée ennemie sur Paris ; Metz laissé à l'arrière-plan ; siège prochain, dans six ou huit jours, quand la grosse artillerie sera arrivée. »

En outre, Strasbourg devait être tombé le 9 septembre. Bazaine voulait communiquer tout de suite, confidentiellement, cette note aux commandants de corps d'armée. Ce n'est qu'avec beaucoup de peine que le général Jarras obtint que cette note ne serait pas, du moins envoyée par écrit, mais qu'un officier d'état-major porterait la note à chaque commandant de corps d'armée pour qu'il en prît connaissance, mais sans la lui laisser entre les mains. Après de nouvelles représentations, le général Jarras empêcha que la conclusion de cette note fût lue aux troupes.

Il est certain qu'à la suite de cette communication, le découragement se serait répandu violemment dans l'armée, et le général Jarras, en agissant comme il a fait, a rendu un grand service à son pays. Du reste, le maréchal Bazaine ne se prononçait ni pour ni contre la République et laissait tout le monde indécis sur sa pensée intime.

L'armée elle-même se montrait indifférente ; seuls, les officiers qui avaient été le plus favorisés par l'empereur et l'impératrice, cherchaient, en partie, à à se tirer d'affaire, en parlant maintenant avec dégoût du régime impérial, quoique ce fût de lui qu'ils eussent obtenu les plus grandes faveurs. Mais ainsi va le monde.

Nous voulons maintenant essayer de pénétrer dans l'âme du maréchal Bazaine. Il avait espéré qu'un traité de paix mettrait bientôt fin à cette malheureuse guerre et que lui-même, général invaincu et à la tête de sa belle armée du Rhin, jouerait un rôle prépondérant.

Une catastrophe sans égale avait anéanti ces espérances. L'empire avait disparu ; la dernière armée encore en campagne, était détruite. On comprend que même un général ayant de la décision, ce qui n'était certainement pas le cas de Bazaine, ait, sous le choc d'événements aussi terribles, perdu tout d'abord toute orientation pour sa conduite.

Bazaine avait sans doute, sur ce que pouvait faire la République au point de vue de la guerre, la même opinion méprisante que témoignait l'armée allemande tout entière, à l'exception du roi Guillaume. Peut être croyait-il maintenant que la guerre allait bientôt finir, et espérait-il, dans ces conditions si différentes, jouer un rôle encore plus capital que celui qu'avaient fait jusqu'alors miroiter à ses yeux ses rêves ambitieux. Nul ne sait ce que pensait Bazaine dans son for intérieur et il a emporté son secret avec lui dans la tombe.

Mais ce qu'il y a de certain, c'est qu'il persistait dans son intention de conserver l'armée du Rhin intacte, en vue des éventualités. On ne saurait voir là, sans autre information, une trahison à l'égard de sa patrie. Mais cette intention ne signifiait quelque chose que s'il était possible de bien nourrir l'armée et de la maintenir toute prête à combattre. Mais cela était tout à fait impossible.

Dès le 4 septembre, on avait dû commencer à distribuer aux troupes de la viande de cheval. Le manque de sel se faisait sentir de la manière la plus pénible. Dès le 14 septembre, il fallut réduire la ration de pain de 750 grammes à 500 grammes. Des averses continuelles rendaient le séjour du camp insupportable aux troupes. L'inaction ininterrompue, jointe à une nourriture qui devenait toujours plus mauvaise, augmentaient l'affaissement qu'avaient produites les tristes nouvelles de Sedan. Le sentiment dominant avait été d'abord un désir ardent de vengeance. Mais, petit à petit, les sentiments les plus ardents du patriotisme s'amortirent par l'effet de l'inaction, du séjour affreux dans des camps qui étaient devenus des bourbiers marécageux et de l'inquiétude que causait l'état sanitaire des troupes qui devenait de jour en jour plus mauvais. Déjà, le 21 septembre, les régiments de cavalerie français n'avaient plus en moyenne que deux escadrons montés.

Si on voulait raffermir le moral des troupes, il fallait exécuter constamment de petits coups de main, qui auraient, en outre, offert cet avantage, que les vivres qu'on aurait enlevés dans les villages et les fermes conquis momentanément, auraient facilité l'alimentation de l'armée. Mais Bazaine ne commença ces coups de mains sur une grande échelle que lorsqu'il était déjà trop tard, à savoir le 22 septembre. Mais jusque-là, il ne fit rien pour relever le moral de l'armée; rien ou du moins rien de sérieux, pour augmenter les approvisionnements. Tout le monde était en proie à une muette résignation; on avait presque cessé d'espérer; on obéissait bien encore comme avant, mais les germes de l'irritation contre le maréchal Bazaine commençaient à se dévolopper.

Pour donner une idée saisissante de l'inaction sans exemple des Français, nous citons ici les pertes que les Allemands ont éprouvées du 20 au 30 septembre. Ces pertes s'élevaient pour toute l'armée d'investissement et pour dix-neuf jours pleins, à 4 officiers, 77 hommes, et, sur ce nombre, 20 hommes ont péri dans la surprise de Bellecroix qui a été exécutée heureusement par les Allemands le 9 septembre.

Revenons maintenant aux Allemands. Déjà, le 1er septembre, les troupes les plus avancées du XIIIe corps d'armée allemand étaient arrivées à Château-Gras et à Pont-à-Chauny à l'est de Metz ; les autres troupes de ce corps d'armée suivaient immédiatement. Les troupes allemandes avaient ainsi reçu, sur la rive droite de la Moselle, un renfort de 29 bataillons, 16 escadrons et 54 pièces. Lorsque, à la suite de la bataille de Sedan, la crainte d'une tentative de sortie de l'armée du Rhin dans la direction nord-ouest, eût presque complètement disparu, le prince Frédéric-Charles porta, dès le 5 septembre, le VIIe corps d'armée allemand tout entier sur la Seille, tandis que le VIIIe corps prit, dans la vallée de la Moselle, les positions occupées par le VIIe corps. Le 7 septembre, le IIe corps fut transféré à Gorze, Novéant, Arnoville, Rezonville et Vionville. Le gros de la 1re division de cavalerie se rendit à Fey.

Par suite, de fortes masses de troupes allemandes se trouvaient maintenant disponibles sur la rive droite de la Moselle, pour s'opposer à temps à toute tentative de sortie de l'armée du Rhin du côté du sud-est, savoir : les XIIIe, VIIe et VIIIe corps, les 1re et 3e divisions de cavalerie, tandis que le IIe corps pouvait intervenir avec ses divisions les plus avancées en deux à trois heures, et avec toutes ses forces, en six heures, dans une bataille au sud de Metz.

Jusqu'au 1er septembre, il n'y avait eu entre la Moselle et la Nied française que 2 divisions d'infanterie et 1 division de cavalerie allemandes. Maintenant, les Français auraient à compter sur ce terrain avec 8 divisions d'infanterie allemandes et 2 divisions de cavalerie ; les conditions étaient donc devenues pour eux quatre fois plus mauvaises. En outre, à la suite des enseignements fournis par la bataille de Noisseville, les lignes de défense allemandes gagnaient de jour en jour en solidité, et on peut affirmer hautement que c'en était fait maintenant et définitivement de la possibilité de sauver l'armée du Rhin et de la ramener vers l'intérieur de la France.

Le XIIIe corps partit, il est vrai, des environs de Metz le 10 septembre, pour être employé à une autre destination ; mais le vide que produisit son départ fut aussi comblé. Le 12 septembre, les Allemands avaient pris les positions suivantes :

Rive droite de la Moselle.

3e Division de réserve	Malroy-Charly.
1er Corps d'armée....	Ligne de Failly-Noisseville-Ars-Laquenexy.
VIIe —	Ligne Mercy-le-Haut-Peltre-Marly-sur-Seille (*An der Seille*).
VIIIe Corps d'armée....	Ligne Marly-sur-Seille-Frescaty jusqu'à la Moselle, en face de Vaux.
1re Divis. de cavalerie.	Fey et environs.
3e —	Sur la Seille.

Rive gauche de la Moselle.

IXe Corps d'armée....	Ligne Vaux-Jouy jusqu'aux ruines de Chatel-Saint-Germain.
IIIe —	De Chatel-Saint-Germain jusqu'à la hauteur au nord de Saulny.
X^e —	De la hauteur au nord de Saulny-Villers-les-Plesnois-Semécourt-Ferme-Amelnange jusqu'à la Moselle.

Réserve.

IIe Corps d'armée....	A Gorze, Novéant, Corny, Saint-Marcel, Rezonville.

A partir de ce moment, l'armée du Rhin pouvait

encore, par de vigoureuses sorties, causer aux Allemands des pertes sérieuses ; elle aurait pu tenter encore de rompre momentanément, sur un point, le cercle d'investissement et de faire sortir tout au moins un corps d'élite de quelques milliers d'hommes, et composé d'officiers, de sous-officiers et de soldats de choix qui gagnerait l'intérieur de la France. Mais les Français ne pouvaient plus maintenant faire davantage.

Une armée qui n'a pas de train avec elle, n'est pas capable de manœuvrer ; une grande armée qui ne peut pas s'éclairer dans toutes les directions, à l'aide d'une nombreuse et bonne cavalerie, opère dans les ténèbres et est condamnée à tomber tôt ou tard entre les mains de l'ennemi ; la meilleure artillerie ne peut rien faire, si elle ne dispose pas de nombreux et excellents attelages. Depuis le 4 septembre, 250 chevaux de l'armée du Rhin étaient abattus chaque jour ; à partir du 20 septembre, on ajouta 30 chevaux par jour pour les pauvres de la ville et de la banlieue. En outre, il crevait tant de chevaux dans les camps français que l'ordre suivant, qui est typique, dut être donné (de Montluisant p. 184) :

« Les cadavres des chevaux seront enfouis dans chaque corps qui en restera responsable. Cet enfouissement se fera dans une tranchée continue, de 4 mètres de profondeur, ouverte du côté de l'ennemi, etc. »

L'aptitude manœuvrière de l'armée du Rhin diminuait donc chaque jour, tandis que la solidité de la ligne de défense des Allemands augmentait de jour en jour, et, en même temps, les armées allemandes d'investissement pouvaient s'occuper exclusivement de l'armée du Rhin, tandis que jusque-là elles avaient dû consacrer une partie de leur attention à l'armée de Châlons.

Le danger d'une sortie des Français diminuait donc à chaque heure; l'agonie de l'armée du Rhin commença, une agonie longue et cruelle qui fut supportée avec une muette résignation, mais qui ne peut éveiller chez tout brave soldat qu'un sentiment de profonde commisération. Réellement, la belle armée du Rhin était digne d'un meilleur sort.

Quant à l'ordre relatif à l'enfouissement des cadavres de chevaux, qu'il nous soit permis de faire une observation. Qu'auraient dit les Français, si un pareil ordre avait été donné par les Allemands? On nous appelle, nous autres Allemands, Huns et Vandales; mais quelles sont les hordes de barbares qui auraient été capables de diriger avec tant de raffinements, contre le camp ennemi, les odeurs empoisonnées, exhalées par des corps en putréfaction?

Les Français ne trouvaient pas étrange qu'on fît une chose pareille. Ce qui le prouve, c'est que de Montluisant reproduit cet ordre avec le plus grand calme, comme si c'était une chose toute naturelle.

IX. — Chapitre final.

Vient ensuite l'affaire Régnier qui, jusqu'à ce jour, n'a pas été éclaircie, puis, pendant quelque temps, du 22 septembre au 7 octobre, une assez grande activité de l'armée du Rhin, qui donne lieu à de nombreux combats et à des pertes sensibles. Mais ces événements, si intéressants qu'ils soient, ne servent pas pour notre sujet ; le sort de l'armée du Rhin était déjà décidé avant le commencement de cette période de défense active.

Maintenant Bazaine ne pouvait plus sauver ni l'armée du Rhin ni la France. Nous passons donc sous silence le temps qui s'écoula du 20 septembre à la capitulation. Même pendant ce temps Bazaine n'a pas agi d'une manière judicieuse. La défense active aurait dû être poussée pendant toute la période d'investissement, comme elle l'a été pendant ces 16 jours et rien ne saurait excuser Bazaine de ne pas l'avoir fait. Ce n'est pas l'humanité qu'il faut mettre en avant pour excuser son inaction, car, 11.000 au moins des prisonniers faits à Metz sont morts en Allemagne des suites des privations qu'ils avaient supportées pendant le blocus.

Le chiffre des officiers et hommes de troupe de l'armée réellement emmenés en captivité, s'élevait, d'après une communication officielle de la commission de ligne chargée du transport en chemin de fer, du 10 novembre, 11 h. 3/4 matin, à

```
    6.130  officiers.
  148.220  hommes, — et en outre :
   10.000  convalescents.
Total 164.350 hommes.
```

Si donc, nous évaluons à 164.000 en nombre rond, le nombre de prisonniers bien portants emmenés en Allemagne, la mortalité pendant la captivité s'est élevée à plus de 6,7 p. 100 de l'existant.

Comme le retour des prisonniers en France a commencé en mars et avril 1871, la mortalité pour les prisonniers de Metz se serait élevée pour l'armée, en supposant une même intensité, à 14 p. 100.

Les combats les plus sérieux n'auraient pas coûté plus de victimes comme nombre de morts.

Les Français réussirent effectivement, dans l'intervalle du 22 au 27 septembre, à faire rentrer dans Metz des provisions de blé, etc., etc., même un troupeau de bêtes à cornes. Mais le prince Frédéric-Charles fit, après le 27 septembre, brûler toute une série de villages et de fermes, parce que les Allemands n'étaient pas en état de ramener en arrière les très grandes quantités de denrées qui s'y trouvaient ; on était donc obligé de les détruire pour qu'elles ne tombassent pas entre les mains des Français. Les Français traitent cette manière d'agir de barbare quand ce sont leurs adversaires qui agissent ainsi ; mais ils la trouvent très naturelle lorsque, en pareille circonstance, ils font de même. *Si duo idem faciunt, non est idem!*

Si le maréchal Bazaine avait eu soin, dès le commencement de l'investissement, de faire enlever complètement le fourrage dans tous les villages des environs de Metz qui se trouvaient en dehors des lignes de défense allemandes, les approvisionnements en vivres et en fourrages dans Metz auraient été augmentés dans une très forte proportion, ainsi que nous l'avons exposé plus haut.

Qu'on nous permette ici une observation. Nous Allemands, nous avons, on le sait, bombardé Strasbourg, et comme ce moyen ne donnait pas d'autre résultat que de détruire l'ancienne ville impériale allemande, nous nous sommes décidés à faire une attaque régulière qui, en quelques semaines, a amené la chute de la ville. Si la Direction des armées allemandes avait pu prévoir quelles masses considérables d'hommes en armes Gambetta ferait sortir de terre, elle aurait peut-être agi autrement. Nous savons aujourd'hui comment les événements se sont déroulés; il n'est donc pas bien difficile de discuter sur la valeur de telles ou de telles mesures. Si on veut tirer un enseignement des faits, il ne faut pas craindre d'examiner si nous, Allemands, nous ne serions pas arrivés plus rapidement à des résultats qui nous ont, en réalité, coûté beaucoup de temps; seulement il faut, dans un pareil examen, s'abstenir de toute critique rétrospective.

La 2e armée allemande est arrivée sur la Loire juste à temps pour empêcher l'armée de la Loire de marcher sur Paris. Si les Français avaient eu des généraux en chef habiles et si ces généraux avaient déployé autant d'énergie que Gambetta comme organisateur et Chanzy comme général en chef, il n'aurait été nullement impossible que le prince Frédéric-Charles arrivât peut-être trop tard. La longue résistance de Metz a donc, malgré la médiocrité de Bazaine, exercé une influence très sérieuse; cette influence aurait pu, avec des moyens convenables, être beaucoup plus grande. Si les approvisionnements de l'armée du Rhin avaient duré quatorze jours de plus qu'ils n'ont duré réellement, le prince Frédéric-Charles arrivait certainement trop tard.

Pouvions nous éviter ce danger? On a employé devant Strasbourg trente-six compagnies d'artillerie de forteresse et douze compagnies de pionniers de forteresse (non compris les pionniers des divisions mobiles d'infanterie). On a mis, en tout, en action :

```
 89 pièces rayées de 24 livres.
124       —        12   —
 40       —         6   —
 12       —        15 centimètres.
  2 mortiers rayés 21   —
106 mortiers lisses.
```

Total 373 pièces de siège.

dont 124 étaient déjà au feu le 30 août, tandis que le bombardement avait été commencé le 24 août, avec 78 pièces de siège.

Cinquante pièces rayées de 12 centimètres, avec leurs munitions, sont arrivées devant Metz, le 8 septembre et les jours suivants. Si on réunissait devant Metz toute la grosse artillerie de forteresse qui a été employée devant Strasbourg, on obtenait le chiffre énorme de 423 pièces de siège, avec lesquelles on pouvait obtenir des effets puissants. Le bombardement de Strasbourg commença le 24 août, dix-huit jours après la bataille de Woerth. Si on se décidait, le 19 août, à employer devant Metz la masse d'artillerie de forteresse dont nous avons parlé plus haut, on pouvait, à peu près dans l'intervalle du 6 au 10 septembre, faire entrer en action les premiers échelons de cette masse d'artillerie.

On aurait eu pour cela à surmonter des difficultés considérables, mais nous ne doutons pas un instant que ces difficultés n'aient été surmontées, si la Direction suprême de l'armée en avait donné l'ordre.

Si l'on ne faisait qu'investir Strasbourg, on avait besoin de beaucoup moins de forces que pour en faire le siège en règle; ainsi, on pouvait appeler la 1re division de réserve à Metz, où ses dix-huit bataillons auraient procuré à l'armée d'investissement des renforts très désirés. On disposait, en outre, de quatre régiments d'infanterie prussiens (régiments n°s 19 et 81 à la 3e division de réserve; régiments n°s 30 et 34 à la 1re division de réserve) et des régiments n°s 60, 72, 25 et 67 que l'on pouvait réunir en une division combinée d'infanterie, pourvoir de cavalerie, d'artillerie et de pionniers et employer devant Metz. La partie Est de Metz qui était, provisoirement, faiblement occupée, aurait eu, en tout, trente bataillons de plus sur la ligne d'investissement.

Nous ne pensons nullement à recommander un siège en règle de Metz; nous croyons, au contraire, qu'une tentative de ce genre aurait complètement échoué à cause de la force considérable de l'armée du Rhin. Mais on pouvait peut-être, par suite de la plus grande puissance d'action des pièces de siège allemandes, jointe à la plus grande puissance de la nombreuse artillerie de campagne allemande, chasser les Français de leurs positions avancées, les resserrer de plus en plus étroitement et détruire peut-être, par un bombardement, les approvisionnements qui se trouvaient dans Metz. Du côté Est de Metz, les Allemands pouvaient peut-être, pied à pied, se rapprocher de plus en plus de Metz, faire taire les forts de Queuleu et de Saint-Julien et les réduire en un monceau de ruines, forcer les Français à abandonner les villages et les fermes situés en dehors de la ville et alors détruire Metz, comme on l'a fait pour Strasbourg.

Nous avons supposé que l'artillerie de siège commencerait à arriver le 6 septembre, par conséquent à une date à laquelle on n'avait plus rien à craindre de l'armée de Châlons et où le XIIIe Corps d'armée était déjà devant Metz.

Si l'on employait ce Corps d'armée, comme on l'a fait dans la réalité, il restait encore devant Metz des forces si nombreuses que l'on pouvait désirer voir l'armée du Rhin exécuter des attaques sérieuses contre les batteries de siège, attendu que les positions des Allemands auraient eu, grâce à la coopération de douze compagnies de pionniers de forteresse et trente-six compagnies d'artillerie de forteresse, une telle solidité que les Français auraient été, certainement, dans toutes leurs attaques, repoussés avec des pertes effroyables.

Tout nouveau et sanglant insuccès devait exercer sur le moral de l'armée du Rhin une influence défavorable. Nous croyons que, de cette façon, on pouvait peut-être réussir, au bout de deux à trois semaines de combats sérieux, à tenir d'une manière prolongée les camps français sous le feu de l'artillerie et surtout après avoir achevé la destruction de la ville de Metz, à faire du séjour dans l'intérieur des lignes un vrai enfer pour les Français. Si on parvenait à se rapprocher assez pour mettre Metz en feu, la ville pouvait, par suite de la manière toute particulière dont elle était bâtie et de ses rues étroites et sinueuses, devenir en très peu de temps la proie des flammes et il est permis de supposer que la plus grande partie des approvisionnements aurait été anéantie.

Les Allemands auraient eu certainement de sérieux combats à soutenir, mais ils y auraient toujours eu l'avantage de positions bien couvertes, de sorte que leurs pertes auraient été loin d'atteindre celles des Français.

Mais on se demande si les communications avec l'arrière auraient pu assurer toujours l'énorme consommation de munitions. On y est parvenu à Strasbourg; pourquoi n'y serait-on pas arrivé à Metz? Il aurait fallu faire des efforts considérables; mais la Direction des armées allemandes a fait partout, dans la guerre de 1870-71, des choses grandioses.

Peut-être voyons-nous les choses à travers un prisme optimiste; mais on aurait peut-être accompli cette immense œuvre de destruction en trente jours, en faisant agir ces 423 pièces lourdes. Si l'on réussissait à détruire les magasins de Metz, le manque de vivres pouvait suffir pour forcer l'armée du Rhin à capituler. Quelles conséquences incalculables se seraient produites si l'armée du Rhin avait été faite prisonnière trois semaines plus tôt!

Qu'on nous pardonne cette digression! La chose n'était possible que si l'on avait commencé les préparatifs dès le 6 août, et si on avait renoncé dès le début à assiéger Strasbourg. Toute la question, d'ailleurs, n'avait de signification que si l'on pouvait compter, avec quelque certitude, mener à bonne fin, en un temps relativement court, l'œuvre commencée. Cela était-il possible? Les chemins de fer déjà très surchargés pouvaient-ils suffire à la double tâche que leur imposerait le transport des grosses pièces et l'approvisionnement en munitions? Nous ne saurions le dire. Nous prions donc de ne voir dans ces considérations que des idées esquissées à la hâte, pas autre chose.

Quoiqu'il en soit, il est certain que l'état d'inachèvement des forts Saint-Julien et Queuleu, aussi bien que la nature du pays, avaient favorisé la marche des Allemands, dans le sens que nous avons indiqué sur le front Est de Metz. Sur le front Ouest, on pouvait, à cause de la grande force des positions défensives des Allemands, agir exactement comme on l'a fait. Seulement le fort Saint-Quentin devait être sérieusement occupé ; le plateau de la Ferme-Moscou (*Moskau*) au Point-du-Jour, donnait pour cela un très bon moyen, à une grande distance, il est vrai. Si l'on nous objectait que la possibilité que nous avons indiquée de renforcer les troupes d'investissement de trente bataillons avec une proportion correspondante d'artillerie et de cavalerie et les pionniers nécessaires, ensuite d'environ douze compagnies de pionniers de forteresse et trente-six compagnies d'artillerie de forteresse avec 373 pièces de siège, n'aurait pas été encore suffisante en face de la grande force de l'armée du Rhin, nous répondons que les ressources de l'Allemagne auraient été loin d'être épuisées. On disposait encore, par exemple, de huit bataillons de ligne bavarois et de quatre bataillons de ligne wurtembergeois qui pouvaient être réunis en une division d'infanterie mobile et employés devant Metz.

Après la bataille de Sedan, les Allemands n'avaient plus de dangers à craindre que de deux côtés : l'armée du Rhin à Metz, et dans quelques mois, les armées de nouvelle formation, armées qu'il fallait commencer par mettre sur pied, instruire et rendre tant soit peu aptes à faire la guerre. L'ennemi le plus dangereux était, sans contredit, l'armée du Rhin. Si l'on parvenait à la détruire et à mettre ainsi la France dans l'impossibilité de donner aux nouvelles levées des cadres

réellement suffisants et solides, on n'avait plus à s'inquiéter beaucoup des masses armées de Gambetta. Plus on amènerait rapidement la destruction de l'armée de Metz, plus tôt deviendraient libres les armées allemandes restées devant Metz, et plus tôt elles pourraient se jeter de toute leur force au milieu des jeunes armées de la République qui commençaient seulement à se rassembler, et les détruire avant qu'elles aient fini de se rassembler.

En voilà assez sur ce sujet.

Il conviendrait, en terminant, de grouper, dans une espèce de tableau synoptique, les points qui pourraient avec raison servir de base pour juger le maréchal Bazaine. Ce sont les faits suivants:

1. Bazaine était en mesure, le 6 août, de soutenir à temps le général Frossard avec des forces importantes et même de prendre le commandement sur le champ de bataille, et, par suite de sa supériorité numérique, de rejeter les Allemands au delà de la Sarre (*Saar*). Il n'a en réalité, ni soutenu à temps le général Frossard, ni même paru sur le champ de bataille.

2. Bazaine pouvait, immédiatement après sa nomination de général en chef de l'armée du Rhin, exécuter son mouvement de retraite sur Verdun et, en commençant aussitôt ce mouvement, il serait arrivé à Verdun sans être sérieusement inquiété par les Allemands. Le sort ultérieur de cette armée, dans ce cas, échappe à notre appréciation; nous pouvons cependant affirmer qu'avec cette heureuse arrivée à Verdun, tout danger ne serait pas fini pour l'armée du Rhin.

En réalité, Bazaine a nourri un projet d'offensive que l'on ne peut pas considérer comme n'ayant aucune chance de succès, mais il n'a pas su gagner l'Empereur à son projet. Au lieu de cela, il a, renonçant à son idée qui était meilleure, consenti au départ de l'armée du Rhin, mais seulement lorsqu'il était déjà trop tard pour pouvoir exécuter sa marche sur Verdun sans qu'elle fût troublée. Bazaine a pris ses dispositions pour le départ de l'armée du Rhin tout à fait à la légère, et n'a pas même jugé nécessaire de discuter ces dispositions avec son chef d'état-major. Il a même défendu à ses troupes de se servir de la route de Briey qui était relativement plus sûre.

Le maréchal a ainsi contribué fortement à l'échec complet du départ de l'armée du Rhin, et n'a rien fait pour que ce départ eût quelque chance de succès.

3. Le 14 août 1870, Bazaine pouvait, par suite de sa grande supériorité numérique, écraser les troupes allemandes qui s'étaient avancées à l'ouest au delà du ruisseau de Vallières, et rejeter leurs débris au delà de ce ruisseau; remporter ainsi au moins une victoire partielle et infliger aux Allemands des pertes sérieuses.

En réalité, la bataille resta indécise et n'eut pas d'autres conséquences que de retarder énormément le mouvement de retraite de l'armée du Rhin.

4. Le 16 août, Bazaine pouvait, *devait même* remporter une grande victoire tactique, qui aurait garanti au gros de l'armée du Rhin une retraite assurée sur Longwy par Briey, alors que, même dans le cas d'une victoire, la marche sur Verdun pouvait difficilement réussir encore. En réalité, la bataille resta indécise et les deux adversaires éprouvèrent des pertes à peu près également fortes.

5. Le 18 août 1870, Bazaine pouvait, sur plusieurs points de sa longue ligne de bataille, obtenir au moins des succès partiels. En réalité, il ne s'est pas même rendu sur le champ de bataille et n'est intervenu en rien dans la marche du combat. Il pouvait renforcer à temps et suffisamment le 6e corps ; au lieu de cela, il a empêché que le maréchal Canrobert fût soutenu en temps opportun, et cela quoique ce commandant de corps d'armée l'eût renseigné à temps, clairement et très exactement sur la vraie situation du combat.

Bazaine a, de plus, forcé son chef d'état-major à s'occuper, pendant les heures décisives de la bataille, d'un grand travail d'avancement, au lieu de faire appeler le général Jarras, de lui demander son avis sur les mesures à prendre, et de se rendre avec lui sur le champ de bataille. La conduite du maréchal le 18 août suffit, à elle seule, pour le compromettre de la manière la plus grave aux yeux du monde entier, et pour justifier la privation de toutes ses fonctions et de toutes ses dignités.

6. Après que l'armée du Rhin fut rentrée sous Metz, Bazaine a, par ses dépêches à l'empereur Napoléon, au maréchal Mac-Mahon et au ministre de la guerre, contribué essentiellement à pousser l'armée de Châlons à une tentative pour faire lever le siège de Metz. Bazaine n'est pas, personnellement, cause de l'issue malheureuse de cette tentative, mais il y a beaucoup coopéré indirectement par des dépêches qui n'étaient nullement claires.

7. Bazaine devait, dès le 19 août, chercher par tous les moyens possibles à augmenter les approvisionnements de Metz ; mais ce n'est que quatre semaines au

moins après qu'il a réellement pris des mesures énergiques pour enlever les denrées des villages des environs, et il a bientôt après cessé ce genre d'opérations, quoique les troupes aient obtenu, à plusieurs reprises, des succès.

Il n'a pas même essayé de faire sortir de Metz les bouches inutiles.

8. Bazaine aurait pu, dans les derniers jours d'août, percer les lignes allemandes dans la direction de Château-Salins avec la plus grande partie de l'armée, et sauver ainsi le gros de cette armée et le ramener en France, et cela sans avoir à soutenir des combats trop sérieux.

Il pouvait, en même temps, pourvoir Metz d'une forte garnison, de sorte que la place pût tenir jusqu'au mois de décembre inclusivement. Ce n'est que de cette manière qu'il pouvait sauver la France.

En réalité, Bazaine n'a jamais fait une tentative sérieuse pour rompre les lignes d'investissement des Allemands; sa prétendue tentative de sortie du 26 août n'était qu'un trompe-l'œil, et sa conduite pendant la bataille de Noisseville prouve également de la façon la plus claire, qu'il n'a jamais eu l'intention de rompre les lignes allemandes dans la direction de Thionville.

9. Après la bataille de Noisseville, Bazaine a condamné pendant près de trois semaines ses troupes à une inaction complète et, par là, exercé une influence extrêmement préjudiciable sur le bon esprit de l'armée du Rhin. Les opérations offensives de l'armée du Rhin ne durèrent que 16 jours et ne commencèrent qu'à un moment où cette armée n'était plus capable de manœuvrer, parce que le nombre des chevaux avait dimi-

nué d'environ 4.500 chevaux abattus, sans parler des chevaux morts de maladie et de faim.

10. Le maréchal Bazaine n'a jamais initié à ses plans le général Jarras, le chef d'état-major de l'armée du Rhin ; il a mis, au contraire, ce général de mérite, dans une situation tout à fait indigne, et n'a certainement pas, de cette façon, agi dans l'intérêt de l'armée et de la France.

....

Nous passons de nouveau l'intervalle du 20 septembre jusqu'au 27 octobre, parce que cet intervalle représente à peu près la récolte des tristes fruits que Bazaine a semés jusqu'au 20 septembre. Nous ne croyons pas que Bazaine ait été, dans le sens vrai du mot, un traître ; c'est un conte menteur que de dire qu'il a été soudoyé par les Allemands. Bazaine n'a rien gagné personnellement par sa conduite ; il a au contraire tout perdu : ce qu'il possédait jusque-là, sa gloire, son honneur, ses dignités, ses emplois, ses richesses et presque aussi la vie. Si Bazaine avait été réellement soudoyé, il ne serait pas revenu en France, mais serait allé jouir quelque part, sur une terre étrangère, des tristes fruits de sa conduite plus triste encore, ce que personne ne pouvait empêcher. Il n'a donc certainement pas été un traître dans le sens restreint du mot.

Cependant, nul n'a contribué plus que Bazaine à la chute complète de la France. Il n'était nullement apte à être le général en chef d'une grande armée ; il lui manquait, à vrai dire, toutes les qualités nécessaires : en première ligne la force de volonté et de caractère, ensuite le génie et le coup d'œil du général en chef, enfin les connaissances scientifiques nécessaires. C'était un bon commandant de corps d'armée qui, sous les ordres d'un bon général en chef, aurait vraisemblablement rendu de bons services, car il ne manquait ni de bravoure personnelle ni d'une grande expérience du service. On pourrait peut-être le comparer à Benedeck, mais Benedeck était un caractère honorable au plus haut point, qui se rendait parfaitement compte qu'il n'était pas fait pour être général en chef d'une grande armée, et Bazaine était un intrigant que que la fortune avait élevé, qui faisait toujours entrer en première ligne ses intérêts personnels, et ne pensait qu'ensuite à sa patrie, tandis que Benedeck faisait tout le contraire.

Lorsque des hommes incapables arrivent à des situations élevées, qui entraînent une grosse responsabilité, c'est toujours un malheur pour leur pays. Les inconvénients qui en résultent ne se font pas toujours sentir en temps de paix; mais à la guerre, les malheurs arrivent aussitôt. Lorsqu'un tel homme, incapable comme général, est en même temps un intrigant, alors la Providence seule peut sauver cet Etat; et si la Providence n'intervient pas, l'Etat est perdu.

C'est ce qui arriva en France en 1870. Bazaine s'abandonna aux rêves trompeurs que son imagination ambitieuse faisait miroiter à ses yeux. Il voulait d'abord se rendre indispensable à l'Empereur comme général invaincu, et espérait, *après la paix qu'il croyait prochaine*, jouer le premier rôle en France, mais alors arriva la catastrophe de Sedan et la proclamation de la République.

Bazaine peut bien n'avoir pas su tout d'abord ce

qu'il voulait réellement ; mais bientôt *s'élevèrent* dans son esprit de nouveaux *rêves* qui le conduisirent dans le domaine de la politique. Il a certainement espéré, après la bataille de Sedan, que la paix serait bientôt conclue ; il a même fait des tentatives pour amener la conclusion de cette paix. De là cette ténébreuse « affaire Régnier », de là l'envoi du général Bourbaki en Angleterre, de là les négociations non interrompues du maréchal avec les Allemands.

Vers le 25 septembre, le gouvernement français de la Défense nationale avait fait envoyer, par l'intendant Richard, 2.500.000 rations de vivres dans les places de Longwy et de Thionville. L'opération réussit et le maréchal Bazaine en fut aussitôt informé de Thionville. A la suite de cette information, eurent lieu les petites actions du 1er et du 2 octobre, qui devaient préparer une plus grande opération contre Thionville.

Mais pendant ce temps, le 29 septembre, était arrivée de Ferrières à Metz, la dépêche suivante du chancelier comte de Bismarck : « Le maréchal Bazaine acceptera-t-il pour la reddition de l'armée qui se trouve devant Metz, les conditions que stipulera M. Régnier, restant dans les instructions qu'il tiendra de M. le maréchal ? »

En outre, Bazaine reçut un journal allemand qui avait été trouvé sur un prisonnier, et qui contenait des renseignements sur l'avortement des négociations entre Bismarck et Jules Favre, et sur les premiers succès des Allemands devant Paris.

Bazaine était maintenant de nouveau décidé à continuer son ancienne tactique de l'expectative. Il croyait à une chute prochaine de Paris et voulait se conserver, lui et son armée, pour toutes les éventualités de l'avenir. C'est ainsi qu'aucune grande sortie ne fut entreprise dans la direction de Metz et qu'on tenta seulement, le 7 octobre, dans la vallée de la Moselle, un fourrage qui amena le violent combat de Ladonchamp, mais manqua, du reste, complètement son but.

Le dénouement approchait maintenant à grands pas. L'armée du Rhin devenait de jour en jour moins capable de manœuvrer, et il ne fallait déjà plus penser à percer. On pouvait encore livrer une grande bataille pour succomber avec honneur; mais Bazaine ne le fit même pas. Après le 7 octobre, l'armée du Rhin se renferma de nouveau dans une inaction complète.

Nous voyons donc assez clairement que ce sont positivement les combinaisons politiques qui ont dicté au maréchal Bazaine la ligne de conduite qu'il a adoptée. Ces combinaisons politiques avaient en vue, non pas le salut de la France, mais au contraire l'ambition de Bazaine. Bazaine n'a travaillé pour les intérêts de la France, qu'autant qu'ils se trouvaient d'accord avec ses intérêts personnels. On sait que cela n'arriva que rarement.

L'intérêt de la France demandait, en tout cas, qu'on commençât par repousser les Allemands, et si cela était reconnu impossible, qu'on conclût le plus tôt possible une paix sortable. La conduite de Bazaine n'a nullement contribué à chasser les Allemands de France; mais elle n'a pas le moins du monde facilité les conclusions d'une paix sortable. Au contraire, le jeu d'intrigues de Bazaine a produit chez les Allemands, aussi bien que chez les Français, cette impression qu'il n'existait entre le gouvernement national et le maréchal Bazaine qu'un lien extrêmement faible qui pouvait se briser à chaque instant.

On ne peut pas, par conséquent, être amené à penser que c'est la fidélité à la dynastie des Napoléons, fidélité affermie par le serment aux drapeaux, qui a empêché le maréchal d'agir énergiquement, de concert avec le gouvernement de la Défense nationale. Au contraire, le procès de Trianon a dévoilé des faits qui rendent au moins très vraisemblable que la conscience a, dans ces tristes affaires, joué chez le maréchal un rôle très effacé, et qu'il n'aurait guère hésité à jeter tout à fait par dessus le bord sa fidélité vis-à-vis de son souverain, s'il avait pu espérer voir réussir ses projets ambitieux.

Les événements se sont déroulés d'une manière tout à fait logique. Bazaine était aussi peu capable de lutter comme général en chef avec le prince Frédéric-Charles, qu'en politique avec le comte de Bismarck. Toutes les espérances de Bazaine, tous ses rêves ambitieux se réduisirent à néant et le résultat final de sa politique tortueuse et de sa stratégie extrêmement médiocre fut la capitulation sans conditions de l'armée du Rhin.

L'armée de Châlons avait succombé avec honneur à Sedan. Elle arriva à Sedan déjà en très mauvais état et affaiblie par des combats malheureux ; elle lutta néanmoins, pendant 13 heures, avec une bravoure héroïque contre les forces très supérieures des Allemands, et lorsque ses débris cherchèrent un refuge dans les murs de Sedan, il n'était réellement plus possible de continuer la lutte avec la moindre chance de succès. La continuation de la lutte ne pouvait plus qu'entraîner un monstrueux massacre parmi les troupes françaises étroitement resserrées. On peut donc dire que l'armée de Châlons ne s'est rendue que lorsque tout espoir de salut lui a été définitivement enlevé.

Dans ces conditions, une capitulation est un grand malheur national mais n'est pas une honte.

Mais à Metz une armée beaucoup plus grande a capitulé sans avoir été complètement battue dans aucune bataille; l'armée de Châlons n'avait, du premier jusqu'au dernier jour, éprouvé que des défaites; elle avait presque complètement épuisé ses munitions lorsqu'elle capitula. L'armée de Metz avait des munitions en abondance; elle n'avait pas éprouvé une seule défaite qui fût comparable à Wissembourg, Woerth, Beaumont et Sedan; même Spicheren n'était qu'une bataille perdue, et nullement une défaite.

L'armée succomba sous la pression irrésistible d'événements malheureux et sous les coups d'un adversaire très supérieur en nombre.

L'armée de Metz posa les armes devant un adversaire très peu supérieur en nombre, et sans avoir été terrassée par la force des armes. Elle a péri, parce que c'est Bazaine qui l'a fait périr, et la haine violente qui se déchaîna par toute la France contre le maréchal est pleinement justifiée; Bazaine pouvait donner à la France les moyens de pourvoir les armées de nouvelles formations, de nombreux et excellents cadres. Même dans ce cas, les Français auraient été difficilement en état de terminer victorieusement la guerre, mais il est très probable qu'ils auraient réussi à obtenir des conditions de paix beaucoup plus douces que celles qu'ils obtinrent en réalité.

Maintenant, s'il faut répondre à cette question : « Bazaine pouvait-il sauver la France? », on ne peut répondre que par un *Oui* conditionnel. Que serait-il arrivé si, dans les premiers jours de septembre 1870, 100.000 hommes environ de l'armée du Rhin étaient arrivés sur les bords de la Loire et y avaient aussitôt servi de noyau pour de vastes formations nouvelles ? Cette hypothèse échappe à toute appréciation. Ce qu'il y a de positif, c'est qu'un pareil événement aurait été des plus avantageux pour la France. C'était du maréchal Bazaine seul qu'il dépendait que ce fait se produisît ou non. Il n'a même pas essayé, en réalité, d'agir dans ce sens; mais il a livré sa belle armée en proie à la faim et à la misère et c'est lui qui est cause que 11,000 hommes de cette armée si cruellement éprouvée et cependant si excellente, ont succombé sur le sol allemand à une mort dont ils avaient contracté les germes à Metz.

C'était là le résultat final des menées louches et des intrigues de Bazaine, et on ne comprend que trop que le peuple français n'ait pas voulu qu'un compte si terrible fût réglé sans expiation, et qu'il ait au contraire puni avec toute la rigueur de la loi l'auteur de tous ces malheurs.

On ne saurait pas prétendre que le maréchal Mac-Mahon s'est montré, dans la guerre de 1870, général habile, mais il s'est toujours et invariablement montré loyal, héroïque et fidèle à l'Empereur Napoléon. Aussi les Français l'ont-ils, malgré toutes ses défaites, proclamé un héros et l'ont-ils surnommé « le glorieux vaincu de Sedan. »

Si les Allemands avaient réussi à réduire l'armée du

Rhin à Metz par la force des armes, et à les forcer à capituler, le maréchal Bazaine serait peut-être devenu « le glorieux vaincu de Metz. » Peut-être aussi la haine soi-disant irréconciliable des Français aurait-elle pris des nuances plus adoucies. On peut regretter que le sort en ait disposé autrement. Si la catastrophe de Metz avait été entourée de l'auréole brillante de combats violents et héroïques mais malheureux, la vanité nationale des Français aurait sans doute beaucoup moins souffert qu'elle n'a souffert réellement.

TABLE DES MATIÈRES

	Pages.
Avant-propos	5
Introduction	7
Force et composition de l'armée française du Rhin à Metz	15
A) Pertes de l'armée française du Rhin jusqu'au 1er septembre 1870 inclus	59
B) Explications au sujet de nos chiffres de pertes	73
I. 2e corps d'armée français	73
II. 3e — —	76
III. 4e — —	78
IV. 6e — —	80
V. La garde impériale	83
Conduite du maréchal Bazaine, depuis le commencement de la guerre jusqu'au 18 août	86
L'armée française pouvait-elle encore, le 14 août, quitter Metz?	129
Conduite du maréchal Bazaine, depuis le 19 août, jusqu'à la bataille de Noisseville inclusivement	146
Comment le maréchal Bazaine pouvait agir mieux dans l'intérêt de la France ?	173
Conduite du maréchal Bazaine, jusqu'au 20 septembre	215
Chapitre final	224

Paris et Limoges. — Imp. milit. Henri CHARLES-LAVAUZELLE.

Librairie militaire Henri CHARLES-LAVAUZELLE
Paris, 11, Place Saint-André-des-Arts.

L'Armée française à travers les âges, par L. JABLONSKI (honoré d'une souscription du ministère de la guerre) :
 TOME Ier. — Des origines de notre pays jusqu'à Philippe le Bel. — De Philippe le Bel à la bataille de Fontenoy. — Vol. in-18 de 500 p., broché . 5 »
 TOME II. — De Louis XIV à la Révolution. — L'armée pendant la Révolution et sous l'Empire. — Volume in-18 de 480 pages, broché.......... 5 »
 TOME III. — De la Restauration à 1848. — De 1848 à 1870. — Volume in-18 de 540 pages, broché................ 5 »
 TOME IV. — Le droit des gens, la préparation à la guerre, éléments qui composent l'armée, combattants et non combattants, services administratifs. — Volume in-18 de 498 pages, broché. ..... 5 »
 TOME V. — Art militaire. — Historique des écoles militaires. — Historique des drapeaux français. — Volume in-18 de 425 pages, broché........ 5 »

Histoire de l'infanterie en France, par le lieutenant-colonel Belhomme, du 73e d'infanterie (honoré d'une souscription du ministère de la guerre) :
 TOME I. — **La Gaule** : les Galls, l'infanterie romaine, la Gaule romaine, l'empire d'Occident. — **La conquête franque** : Chlodowig, les Mérovingiens, les Carolingiens. — **La France** : les Carolingiens, les Capétiens, les Valois. — **L'armée permanente** : Charles VII, Louis XI, Charles VIII, François Ier, Charles IX, Henri III, Henri IV, Louis XIII. — Vol. in-8° de 400 p. br. 5 »
 Tome II. — **Règne de Louis XIV** : De 1643 à 1661 : Mazarin et Letellier. — Louvois, de 1661 à 1691. — De 1661 à 1672. — De 1672 à 1679. — De 1679 à 1691. — Barbezieux, Chamillard et Voysin (1691-1715) : Barbezieux, de 1691 à 1701 ; — Chamillard, de 1701 à 1709 ; — Voysin, de 1709 à 1715. — Vol. in-8° de 496 pages, broché................
 TOME III. — **Règne de Louis XV** : De 1715 à 1718 ; Le Blanc (1718-1723) ; de Breteuil (1723-1726) ; Le Blanc (1726-1728) ; d'Angervillers (1728-1740) ; de Breteuil (1740-1743) ; comte d'Argenson (1743-1757) ; marquis de Paulmy (1757-1758) ; maréchal de Belle-Isle (1758-1761) ; lieutenant général de Choiseul (1761-1771) ; Montevnard (1771-1774) ; d'Aiguillon (1774). **Règne de Louis XVI** : du Muy (1774-1775) ; comte de Saint-Germain (1775-1777) ; prince de Montbarey (1777-1780) ; de Ségur (1780-1787) ; de Brienne (1787-1788) ; de Puységur (1788-1789) ; les États généraux et l'Assemblée législative ; les États généraux et l'Assemblée nationale. — Volume in-8° de 512 pages, broché....... 5 »
 TOME IV. — (*En préparation.*)

Précis de quelques campagnes contemporaines, par le commandant E. BUJAC, breveté d'état-major.
 I. **Dans les Balkans**. — Vol. in-8° de 336 pages, avec 19 cartes et plans du théâtre des opérations........................ 5 »
 II. **La guerre sino-japonaise**. — Vol. in 8° de 328 pages, avec 18 cartes ou croquis................................ 5 »

Guerre franco-allemande de 1870-1871, par le capitaine Ch. ROMAGNY, professeur de tactique et d'histoire à l'École militaire d'infanterie, accompagné d'un atlas comprenant 18 cartes-croquis en deux couleurs (honoré d'une souscription des ministères de la guerre et de l'instruction publique et d'une médaille d'honneur de la Société d'instruction et d'éducation). — Volume grand in-8° de 392 pages, et l'atlas.................. 10 »

GUERRE DE 1870. — La première armée de l'Est. — Reconstitution exacte et détaillée de petits combats avec cartes et croquis, par le commandant Xavier EUVRARD, breveté d'état-major, chef de bataillon au 2e tirailleurs algériens, ex-professeur d'histoire militaire à l'école de Saint-Cyr. — Volume grand in-8° de 268 pages............................. 6 »

Crimée-Italie. — Notes et correspondances de campagne du général de Wimpffen, publiées par H. GALLI. *Ouvrage honoré d'une souscription du ministère de la guerre.* — Volume grand in-8° de 180 pages....... 5 »

Tableaux d'histoire à l'usage des sous-officiers candidats aux Écoles militaires de Saint-Maixent, Saumur, Versailles et Vincennes, par Noël LACOLLE, lieutenant d'infanterie. — Volume in-18 de 144 pages. 2 50

Librairie militaire Henri CHARLES-LAVAUZELLE
Paris, 11, Place Saint-André-des-Arts.

Étude sommaire des campagnes d'un siècle, par le capitaine Ch. ROMAGNY, professeur de tactique et d'histoire à l'École militaire d'infanterie. — **Campagne de 1792-1803**, 1 volume (4 cartes). — **1800**, 1 volume (4 cartes). — **1805**, 1 volume (2 cartes) — **1813**, 1 volume (4 cartes). — **1814**, 1 volume (1 carte). — **1815**, 1 volume (1 carte). — **Crimée**, 1 volume (3 cartes). — **1859**, 1 volume (1 carte). — **1866**, 1 volume (4 cartes). — **1877-78**, 1 volume (3 cartes). — 10 vol. in-32, brochés, l'un.. » 50
    Reliés toile anglaise.. » 75

Précis historique des campagnes modernes. Ouvrage accompagné de 36 cartes du théâtre des opérations, à l'usage de MM. les candidats aux diverses écoles militaires. — Volume in-18 de 224 pages, broché..... 3 50

Souvenirs de guerre (1870-1871), par le colonel Henri de PONCHALON (honoré d'une souscription des ministères de la guerre, de la marine et des colonies). — Volume in-18 de 306 pages, broché.................... 3 50

Sans armée (1870-1871), Souvenirs d'un capitaine, par le commandant KANAPPE. — Volume in-18 de 336 pages, broché.................. 3 50

Le siège de Lille en 1792, par Désiré LACROIX. Ouvrage accompagné d'un plan pour suivre les phases du bombardement de la place (2e édition). — Brochure in-18 de 32 pages.............................. » 75

Lang-Son, combats, retraite et négociations, par le commandant breveté LECOMTE. — Volume grand in-8º de 560 pages, broché, imprimé sur beau papier, illustré de 54 magnifiques gravures, têtes de chapitre, culs-de-lampe, vignettes, accompagné d'un atlas contenant 19 cartes et 3 planches.. 20 »

Le Tonkin français contemporain, études, observations, impressions et souvenirs, par le docteur Edmond COURTOIS, médecin-major de l'armée, ex-médecin en chef de l'ambulance de Kep; ouvrage accompagné de trois cartes en chromolithographie. — Vol. in-8º de 412 pages............ 7 50

Guide de Madagascar, par le lieutenant de vaisseau COLSON. — Volume in-18 de 220 pages, accompagné de la carte de Madagascar au 1/4.000.000e, des itinéraires de Tamatave à Tananarive, de Majunga à Tananarive, du plan de Tananarive et d'un croquis indicatif des cyclones de l'Océan Indien. 3 50

Madagascar et les moyens de la conquérir. Etude politique et militaire, par le colonel ORTUS, de l'infanterie de marine. — Volume in-18 de 228 pages avec une carte au 1/4.000.000 .... 3 50

Petit Dictionnaire français-malgache, précédé des principes de grammaire hova et des phrases et expressions usuelles, par Paul SARDA, d'après les grammaires des Pères missionnaires Weber, Ailloud, de la Vaissière, de MM. Marin de Marre et Froger. — Vol. in-32 de 226 p., relié toile.. 2 50

Petit Dictionnaire malgache-français, par Paul SARDA, ancien fonctionnaire colonial. — Vol. in-32 de 184 pages, relié pleine toile gaufrée.. 2 50
Par décision du 9 septembre 1896, M. le Ministre de la marine a autorisé l'achat de cet ouvrage sur les fonds de la masse générale d'entretien.

Campagne du Dahomey (1892-1894), précédée d'une étude géographique et historique sur ce pays et suivie de la carte au 1/500.000 établie au bureau topographique de l'état-major du corps expéditionnaire par ordre de M. le général Dodds, par Jules POIRIER, avec une préface de M. Henri Lavertujon, député. — Vol. grand in-8º de 372 p., avec couverture en couleurs... 7 50

L'Expédition du Dahomey en 1890, avec un aperçu géographique et historique du pays, sept cartes ou croquis des opérations militaires et de nombreuses annexes contenant le texte des conventions, traités, arrangements, cessions, échanges de dépêches et télégrammes auxquels a donné lieu l'expédition, par Victor NICOLAS, capitaine d'infanterie de marine, officier d'académie (2e édition). — Volume in-8º de 152 pages......... 3 »

Le catalogue général de la Librairie militaire est envoyé gratuitement à toute personne qui en fait la demande à l'éditeur Henri CHARLES-LAVAUZELLE.

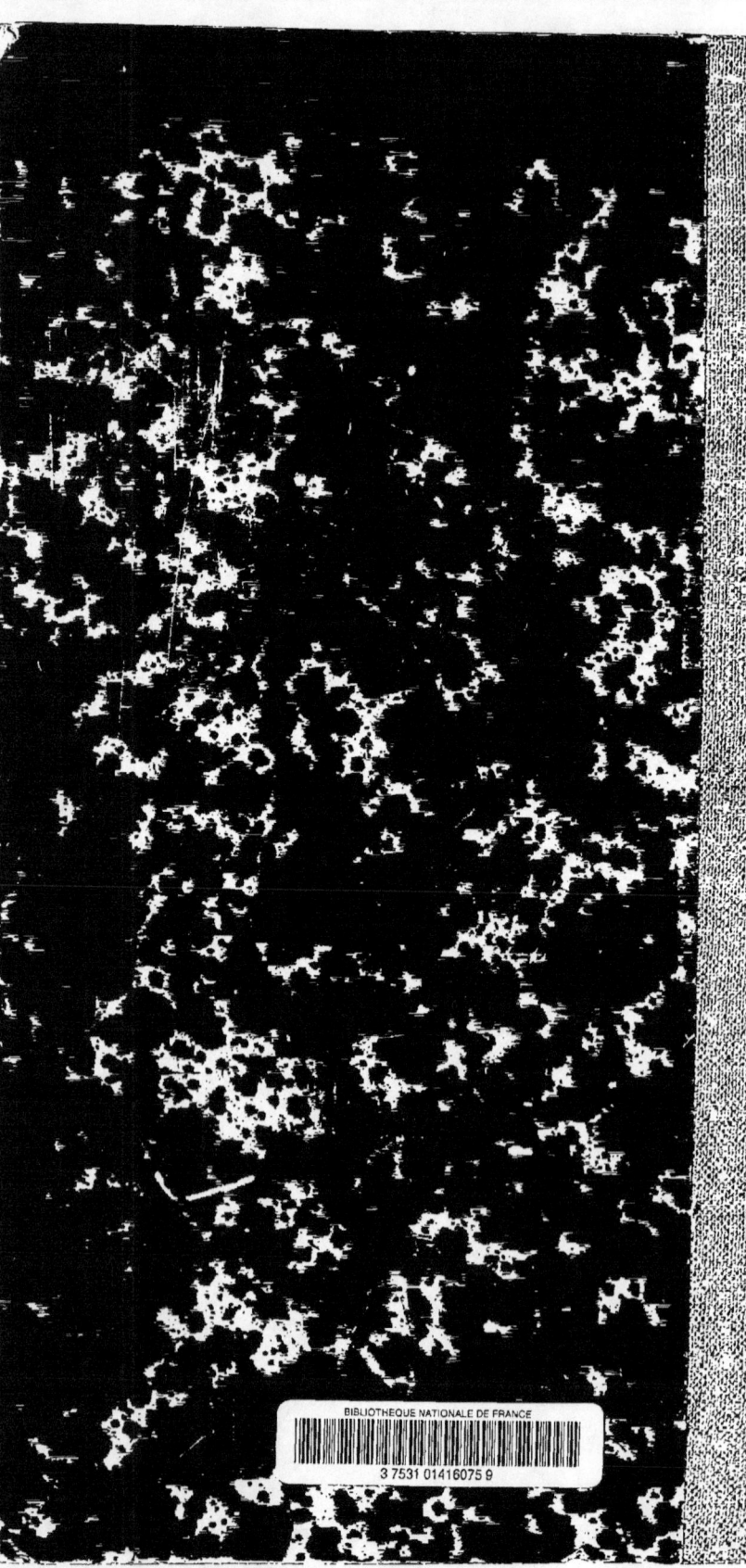

www.ingramcontent.com/pod-product-compliance
Lightning Source LLC
Chambersburg PA
CBHW070627170426
43200CB00010B/1939